VUE DE LA COLONIE ESPAGNOLE DU MISSISSIPI, &c.

VUE
DE LA
COLONIE ESPAGNOLE
DU MISSISSIPI,
OU
DES PROVINCES
DE LOUISIANE
ET FLORIDE OCCIDENTALE,

EN L'ANNÉE 1802,

PAR UN OBSERVATEUR RÉSIDENT SUR LES LIEUX :

Ouvrage accompagné de deux cartes dressées avec soin, et artistement gravées et enluminées.

Adspice et extremis domitum cultoribus orbem,
Eoasque domos Arabum, pictosque Gelonos :
Divisæ arboribus patriæ.

VIRG. Georg. Lib. II, Vers. 114, etc.

B...... — DUVALLON, Éditeur.

PARIS.

A l'Imprimerie Expéditive, rue St.-Benoît, n°. 21.

L'AN XI DE LA RÉPUBLIQUE, ET IV DU GOUVERNEMENT CONSULAIRE.

1803.

CARTE DÉTAILLÉE DE LA BASSE-LOUISIANE ET FLORIDE OCCIDENTALE,

POUR ÊTRE ADAPTÉE À L'OUVRAGE INTITULÉ,

VUE DE LA COLONIE ESPAGNOLE DU MISSISSIPI, &c.

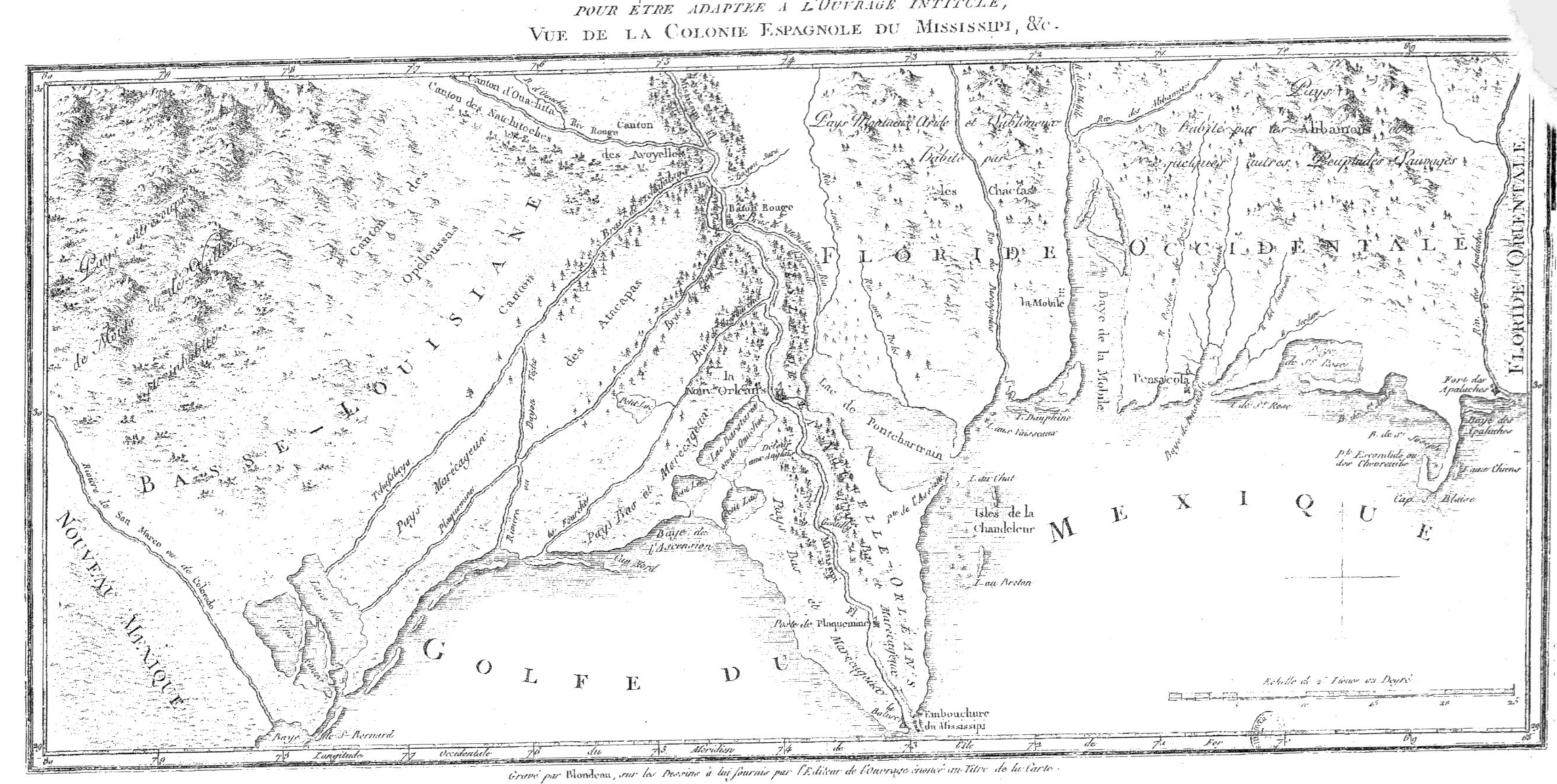

Gravé par Blondeau, sur les Desseins à lui fournis par l'Éditeur de l'Ouvrage énoncé au Titre de la Carte.

PRÉFACE
DE L'ÉDITEUR.

QUELLE circonstance plus favorable à la publication d'un ouvrage de la nature de celui-ci, que le moment présent! La Colonie de la Louisiane, établie par la France, ensuite abandonnée par elle, ou, plutôt, par son ancien Gouvernement, à l'Espagne, et finalement rémise par cette dernière Puissance, à la Nation dont elle avait été violemment détachée, va, sous peu, redevenir française. Ce pays fixe actuellement l'attention de la métropole, et la sollicitude du gouvernement. Il paraît être ici l'objet et le point-de-mire d'une foule de spéculations diverses, agricoles, commerciales, et autres.

Après une guerre longue et ruineuse, il n'est pas surprenant que tous les regards se portent, avec un vif intérêt, sur les Colonies, que, depuis si long-tems, l'on avait perdu de vue, et notamment sur celles qui, comme la Louisiane, ayant été à l'abri des secousses révolutionnaires, offrent, ou, du moins, semblent offrir un résultat avantageux pour toute espèce d'entreprises et de relations, et des ressources immédiates. En effet, l'impulsion à ce sujet est donnée, et chacun s'occupe essentiellement de ce qui a trait à la Louisiane, à la Martinique, et aux Iles de France et de la Réunion. La Louisiane, sur-tout, provoque, d'autant plus, sur elle, cet intérêt commun, cette tendance générale des esprits, qu'étrangère à la France depuis long-tems, elle semble être une acquisition nouvelle à tous égards, et qu'en outre elle y est bien moins connue que toute autre partie de nos possessions d'outre-mer.

C'est donc complaire à l'opinion publique, et lui rendre hommage, que de présenter, en cette circonstance, un tableau fidèle de ce pays, (au moins, comme il était il y a huit à dix mois) et la perspective de ce qu'il peut devenir, par la suite, en des mains industrieuses, et sous un gouvernement qui joint les lumières à l'activité. Tel est le but qu'on s'est proposé, et auquel on a tâché d'atteindre en l'ouvrage qui va paraître, et dont l'auteur, résidant, depuis environ trois années, sur les lieux qu'il décrit et au milieu des objets divers qu'il représente, a, sans doute, été à même de porter, au développement de ses observations, toute l'exactitude nécessaire.

Au reste, je sais bien que la convenance et l'à-propos ne constituent pas davantage le mérite intrinsèque d'un écrit, que la parure et l'éclat extérieur ne font celui d'une personne. Ainsi, l'ouvrage dont il s'agit, quoique paraissant sous ces heureux auspices, n'aura de vogue et de faveur, qu'en raison de l'intérêt qui y sera répandu, et tout autant qu'instructif au fond, et attachant par la forme, il réunira, dans son ensemble, et l'agréable et l'utile.

Voilà ce à quoi il paraît que l'auteur s'est principalement appliqué, en soignant, avec une égale attention, ces deux parties essentielles de la littérature, ces deux branches-mères de l'arbre de la science, l'utile et l'agréable, et les faisant rapporter l'une à l'autre autant qu'il lui a été possible. A cet effet, et pour y parvenir, il s'est occupé, d'abord, à mettre beaucoup d'ordre et de clarté dans la distribution de son ouvrage, qu'il a tâché de rendre, à-la-fois, méthodique et lumineux. Ensuite, et dans la vue de ne point fatiguer l'attention du lecteur par un continuel détail de matières abstraites, qui peuvent lui être étrangères et, qui plus est, indifférentes, il a cherché à tenir ce même lecteur en haleine, et toujours occupé néanmoins, en lui présentant, çà et là, pour le délasser et le récréer, quelques tableaux qui pussent intéresser son imagination, son esprit, ou son cœur, en adoucissant l'aridité des matières par le coloris des images, et en adaptant, à la contexture des objets instructifs et sérieux, quelques traits saillans, quelques épisodes propres à faire sensation, mais tous puisés, au surplus, dans le fond du sujet. Tels sont, par exemple, (et pour n'en pas citer d'autres) les traits suivans : d'abord, le narré concernant cet habitant de la Louisiane, natif du lieu, qui, à la vue des corps flottans de trois malheureux Américains noyés dans le Missisipi, que le courant des eaux avait entraînés dans le canal de son habitation, au lieu de les en faire promptement retirer, ou pour les rappeler à la vie, s'il était possible, ou, tout au moins, pour les faire inhumer convenablement, au cas que cette première œuvre de commisération et d'humanité fût infructueuse, s'empressa, au contraire, à les faire indignement repousser dans le lit du fleuve, avec de longues perches, et par les bras de ses esclaves, instrumens passifs et muets témoins de l'inhumanité de leur maître : ensuite, l'anecdote relative à la vieille Irrouba, cette négresse centenaire, née aux rives du Sénégal, esclave aux bords du Missisipi, nourrice de deux enfans de ses premiers maîtres ; et manquant absolument de tout dans son extrême vieillesse, à un âge où tout est privation, tout est besoin, et, (ce qui est à observer principalement) sous les yeux d'un de ses maîtres, propre frère de ses nourrissons: et, pour dernier trait, le récit qui peint la noble et touchante humanité de cette jeune sauvagesse de la nation des Chactas, qui, dans le plus fort de l'hiver, attirée, au point du jour, par les cris plaintifs; le vagissement douloureux d'un nouveau-né, délaissé, sacrifié par sa mère au cœur de bronze, et exposé, pendant la nuit, en plein champ, dans une corbeille, trouve un enfant blanc, ainsi abandonné dans cette rigoureuse saison, le prend, l'emporte, réchauffe ses membres, presque glacés, sous ses grossiers vêtemens, lui présente son sein, lui donne son lait, et finalement adopte pour fils, dans sa hutte, au bord des forêts, l'être infortuné que sa cruelle mère, femme blanche, élevée et résidente à la Nouvelle-Orléans, au milieu d'une ville habitée par des hommes policés, venait de rejetter loin d'elle, et de vouer impitoyablement à la mort, après lui avoir donné la vie. Ces trois tableaux, choisis parmi d'autres de différens genres, suffisent pour confirmer ce que j'ai observé ci-dessus, relativement à la marche que l'auteur a suivie dans le cours de son ouvrage.

Mais, quoique le mérite d'un écrit dépende, en grande partie, de ce mélange, artistement fondu, de matières graves et sérieuses, qui nourrissent la pensée, et de détails enjoués ou touchans, qui intéressent l'esprit et le cœur, de cette heureuse combinaison de traits mâles et de couleurs brillantes assorties avec goût, on doit encore y ajouter ce qui en fait un des principaux charmes et dont l'absence et la privation sont irréparables, ce qui est, (pour me faire mieux entendre) si bien exprimé par ce vers charmant:

Et la grace, plus belle encor que la beauté.

Il ne suffit pas à l'habile peintre de nous présenter une image de la nature, où soit alliée l'exacte proportion des formes à leur disposition aisée, et où soient répandus les trésors d'une savante composition : il faut, de plus, qu'une élégante draperie embellisse et rehausse l'éclat de l'objet représenté, et couronne l'œuvre du talent. Il en est ainsi de l'écrivain, qui, occupé du corps de son ouvrage, n'en doit pas moins soigner la draperie, qui est le style; ornement sans lequel tout écrit, quelque solide et intéressant qu'il puisse être, éprouve bientôt un discrédit dont il ne se relève plus. Car enfin, ce n'est pas tout que de dire et d'écrire de bonnes choses, il faut les dire et les écrire bien. Et le secret d'un bon écrivain, son mérite et son talent particulier, ne se bornent pas à trouver les moyens de faire lire les productions de sa plume (une première lecture est, tout au plus, un demi-succès, et, à bien dire, un avantage éphémère); le point majeur auquel il vise, le grand but qu'il se propose est de faire en sorte que ces mêmes productions soient relues. C'est là le vrai triomphe de l'art, triomphe d'autant plus flatteur, qu'il n'est pas commun.

Horace

Horace a dit : *Ut pictura, poesis*. Et je me permettrai de commenter ainsi cette belle pensée, en lui donnant un peu plus d'extension, et en disant que l'art d'écrire, en général, est semblable à l'art de peindre. Au surplus, tous les beaux-arts ne sont-ils pas frères, se tenant tous par la main, et attestant, par les ressemblances et les divers rapports qui existent entre eux, l'identité de lenr origine ?

Mais revenons à notre sujet. Voilà bien des qualités inhérentes à la composition d'un écrit essentiellement bon. Précision, méthode, clarté, solidité, agrément, et style joint à tout cela : que de parties éminentes de l'art d'écrire exposées en ce peu de mots ! Induira-t-on, delà, que je prétende avoir trouvé ces qualités réunies dans celui que je rends aujourd'hui public ? On aurait tort : en ce que je suis bien éloigné d'établir de telles prétentions, qui outre-passent toutes celles que peut s'attribuer un éditeur, et, qui plus est, même un commentateur. Il est bien différent d'atteindre au but, ou de s'efforcer à y parvenir : et je me suis borné à observer que l'auteur a, du moins, rempli cette dernière condition. C'est au public, impartial et éclairé, à juger du reste.

Quant à l'exactitude et à la véracité dont un Ecrivain doit se faire fort et ne jamais se départir, sous aucun prétexte quelconque, et malgré toute espèce de ménagement pusillanime et de considération déplacée, sans que ces attributs, essentiels en lui, dégénérent pourtant en aigreur injuste et en personnalités messéantes, à cet égard j'ose assurer, d'après la connaissance intime que j'ai du caractère moral de l'auteur et de sa façon de penser, qu'il n'aura point dévié de la route qu'il s'est tracée à lui-même dans le plan et dans le cours de son travail, et que la vérité, pure et simple, aura dicté, de la manière la plus convenable, ce que sa plume a écrit.

Il a été inséré, dernièrement, dans la Gazette de France, quelques extraits de ce même ouvrage, sous le titre de *Lettre d'un Colon de la Louisiane*, en grande partie, modifiés, quant à la marche des idées et au style. Ces extraits ont été puisés dans les premières feuilles de l'ouvrage, que j'avais confiées au rédacteur de ce journal. Je crois devoir prévenir, de cette particularité, le lecteur, qui, l'ignorant, et trouvant quelque rapport entre les extraits dont il s'agit et des passages de cet écrit, pourrait en inférer que les premiers auraient fourni matière aux derniers : ce qui est tout le contraire.

Il me reste à remarquer, en terminant cet avertissement, que les deux cartes topographiques adaptées à cet ouvrage, ont été gravées sur les dessins que j'ai reçus de l'auteur, conjointement avec son manuscrit, dont le postcriptum a pour objet l'envoi de ces mêmes dessins, que j'ai fait exéeuter avec le plus grand soin ; ces deux cartes étant essentiellement destinées à l'ouivrage qu'elles doivent accompagner et pour qui elles ont été faites, et présentant, sinon un tableau bien correct, une esquisse, au moins, plus circonstanciée, des diverses contrées qu'elles décrivent, que tout ce qui en a été publié jusqu'à ce jour.

N. B. Les fautes d'impression qui existent en cet ouvrage, ont été, en grande partie, énoncées et rectifiées dans l'Errata, qui se trouve à la fin, et où sont aussi comprises quelques légères omissions.

TABLE DES CHAPITRES.

FIN DE LA TABLE DES CHAPITRES.

VUE
DE LA COLONIE ESPAGNOLE
DU MISSISSIPI,
OU
DES PROVINCES
DE LOUISIANE
ET FLORIDE OCCIDENTALE,
EN L'ANNÉE 1802,
PAR UN OBSERVATEUR RÉSIDENT SUR LES LIEUX.

OUVRAGE qui expose tout ce qu'il y a de plus intéressant concernant le physique et le moral de cette Colonie; et auquel sont adaptées deux Cartes topographiques, et très-soignées, des contrées qu'elle renferme.

CHAPITRE PREMIER.

AVANT-PROPOS.

Dépendance, Position, et Etendue de la Colonie.

VOUS m'engagez, Monsieur, d'une manière si pressante, à vous communiquer les observations que j'ai pu recueillir sur la contrée que j'habite depuis environ deux ans et demi, et vous mettez un si grand prix à ces mêmes observations, qu'en vérité je ne sais comment faire, soit pour me dispenser d'adhérer à votre demande, soit pour y répondre, au moins, convenablement. Car enfin, de deux. choses l'une ; ou je m'expose à vous déplaire par un refus, quelque motivé qu'il me parut être, ou j'encours le risque imminent de ne vous présenter, en me rendant à vos instances, qu'un ouvrage indigeste, superficiel, informe, et beaucoup au-dessous de l'idée que vous vous en êtes faite, une véritable rapsodie, pour trancher le mot : et, d'une manière ou d'une autre, je blesse, à n'en pas douter, notre amitié, ou j'humilie mon amour-propre. Mais, en pareil cas, un galant homme a bientôt pris son parti, et ne balance point à sacrifier le dernier sentiment au premier. Ainsi donc, je vais vous satisfaire, ou, pour mieux dire, tâcher de parvenir à ce but, en me rappellant. par forme d'encouragement, que l'amitié est indulgente, et que l'œil de Pylade n'est pas celui d'Aristarque.

Ne vous attendez point à une description régulière et détaillée, à des particularités bien circonstanciées, à une peinture exacte de tout ce qui peut être relatif aux lieux sur lesquels votre curiosité se porte avec tant d'intérêt. Tout ce que je puis faire, est de vous en donner une idée générale qu'appuiera une notice succincte concernant la situation, l'étendue, les établissemens, le sol, le climat, les productions, le commerce, la population, le gouvernement, l'administration, le culte public, l'ordre judiciaire, la police, les mœurs et les usages de cette Colonie. C'est bien là, réellement, tout ce qui peut fixer et mériter l'attention d'un homme instruit, le reste n'étant que matière de peu d'importance et de considération. Mais il faudrait que ces objets principaux fussent traités et développés plus amplement que je ne puis le faire ; le résultat de mon travail, à cet égard, n'étant qu'un apperçu de ces mêmes objets, qui mériteraient, sans doute, un examen plus détaillé, une discussion plus approfondie. Enfin, je vous offre ce qui est à ma disposition, rien au-delà : et, sans autre préambule, j'entre en matière.

La Colonie dont il est question, connue actuellement sous le nom de *Provinces de Louisiane et Floride occidentale*, appartient au roi d'Espagne. La majeure partie de son territoire, composée de la Louisiane, proprement dite, et de l'île de la Nouvelle-Orléans, dépendance et démembrement de la Floride occidentale, était ci-devant en la possession de la France, qui en avait formé les premiers établissemens vers la fin du règne de Louis XIV, ou plutôt, sous la régence du Duc d'Orléans, vrai fondateur de cette Colonie, et fut cédée à l'Espagne, par le Gouvernement français, après la guerre de 1756. La prise de possession de ce territoire, faite en 1769, au nom de son nouveau maître, est pour ce pays une époque bien douloureuse à tous égards, par la manière violente dont furent rompus, en cette circonstance, les nœuds qui avaient, jusqu'à ce tems, uni cette région à la France, et dont, en outre, l'on crut devoir cimenter le gouvernement étranger qui y fut dès-lors établi, sans la participation et contre le vœu formel des Colons; violence assez caractérisée, soit par l'assassinat juridique, l'enlèvement, et la longue détention dans les fers de plusieurs des principaux d'entre eux, soit par l'expulsion tyrannique de beaucoup d'autres, les confiscations de biens, les recherches inquisitoriales et les voies de rigueur mises en œuvre, à tout propos, par le nouveau gouvernement, et enfin par la terreur générale qui accompagna cette prise de possession. Je n'exagère en rien l'impression de douleur et d'effroi répandue, en ces tems malheureux, dans toute la Colonie, impression si forte en elle-même, que j'ai vu et vois journellement d'anciens Colons, témoins de ces scènes tragiques, en être tellement frappés, qu'après un espace de trente années et plus, ils n'en font le récit qu'avec des témoignages sensibles de la tristesse, de l'épouvante, et de l'horreur, dont ils furent tous pénétrés, à cette ère vraiment affreuse pour eux, et gravée dans leur mémoire en caractères ineffaçables.

Cette Colonie, à la prendre dans son étendue entière, comprend, sur la rive droite du Mississipi, et depuis sa source jusqu'à son embouchure, tout le territoire composant la Louisiane, borné, au Sud, par le golfe du Mexique, et au Nord, par le lac Rouge, (du vingt-neuvième au quarante-sixième degré de latitude septentrionale) à l'Est, par le fleuve du Mississipi, et à l'Ouest, par le Nouveau-Mexique et de vastes contrées encore peu connues; et, sur la rive gauche de ce même fleuve, le territoire nommé Floride occidentale, borné, au Sud, par le golfe du Mexique, au Nord, par la ligne de démarcation entre les possessions des Etats-Unis et celle de l'Espagne, fixée au trente-unième degré de latitude, à l'Est, par la Floride orientale, et à l'Ouest, par le Mississipi.

On voit, d'après cet apperçu, que ce fleuve partage la Colonie en deux portions d'une étendue fort inégale; savoir, sur la rive droite, et depuis sa sortie du lac Rouge jusqu'à son embouchure dans le golfe du Mexique, le vaste sol de la Louisiane, et sur la rive gauche, une bande étroite et qui se prolonge vers l'Est, le long du même golfe, jusqu'à la baie et rivière des Apalaches, resserrée, d'un côté, par l'Océan, et de l'autre, par la frontière des Etats-Unis, à-peu-près du trentième au trente-unième degré de latitude.

Si l'on considère et mesure toute l'étendue comprise dans les bornes qui viennent d'être désignées, cette Colonie, sous ce point de vue, présente une superficie immense. Mais, en réduisant les choses à leur juste valeur, et considérant ce pays tel qu'il est réellement, eu égard à la nature de son sol et à d'autres circonstances locales, sans y comprendre la Haute-Louisiane, qui commence au trente-unième degré de latitude, et delà se prolonge au Nord et à l'Ouest, (vaste contrée encore brute et sauvage, à l'exception de quelques faibles parcelles de ce grand territoire) je suis porté à croire que cette partie de la Colonie, composée de la Basse-Louisiane et de la Floride occidentale, située, à-peu-près, du trentième au trente-unième degré de latitude Nord, et du soixante-huitième au soixante dix-huitième degré de longitude Ouest du méridien de l'île de Fer, et où sont, d'ailleurs, presque tous les établissemens de cette Colonie, n'offre, sur une superficie de quatre mille lieues, qu'environ cinq cens lieues carrées de terrein propre aux cultures coloniales, dont soixante-quinze lieues sur les rives du Mississipi, cent vingt-cinq parsemées çà et là, et de loin en loin, dans diverses portions intérieures de cette contrée, et trois cens dans l'étendue des cantons réunis des Atacapas et Opéloussas; d'où il résulte qu'il n'est guère, à tout prendre, que la huitième partie de ce grand espace, qui soit ou puisse être, par la suite, appropriée aux travaux et à la résidence de l'homme, le reste étant couvert de lacs, de forêts et prairies marécageuses, ou de terreins arides et sablonneux.

Le centre de presque toute cette partie de la

Colonie, à prendre des bords du fleuve, et en pénétrant, de part et d'autre, dans l'intérieur des terres qui l'avoisinent, est, à la réserve de quelques points rares et isolés, une plaine extrêmement plate, où l'on ne trouverait point une butte naturelle de dix pieds de haut, et qui conserve pourtant une pente légère depuis les rives du fleuve, où est sa plus grande élévation, jusqu'aux lacs et lagunes situés dans la profondeur et l'enfoncement du pays.

Au surplus, il n'existe encore aucune carte de cette Colonie, exactement dressée, (mais, que dis-je?) pas même une esquisse, un croquis passablement fait : privation importante, et qu'il faut attribuer à l'incurie des Gouvernemens qui ont régi ce pays, et à leur extrême indifférence pour tout ce qui outre-passait les vues étroites et mesquines de leurs délégués. De sorte qu'une région habitée et établie, comme celle-ci, depuis près d'un siècle, est aujourd'hui même (scientifiquement parlant), presque aussi inconnue, en sa masse et sur-tout en ses détails, que les contrées les plus sauvages et les moins pratiquées encore du nouveau monde ; tout ce qu'on en a, du reste, avancé jusqu'à présent, n'ayant, pour base, que des indices vagues, et des rapports ou faux ou mal digérés.

CHAPITRE II.

Fleuve du Mississipi, et ses rapports avec la Colonie, qu'il traverse et partage.

Le Mississipi qui partage cette Colonie, et dont le vrai nom, dans la langue des naturels du pays, est *Messachipi*, qui signifie *le père des eaux*, est un des fleuves les plus considérables de l'Amérique. Son cours est de neuf cens à mille-lieues, à prendre du lac Rouge, dont il sort, vers le quarante-sixième degré de latitude septentrionale, jusqu'au golfe du Mexique où il se décharge, à peu-près au vingt-neuvième degré, dans une direction principale du Nord au Sud, mais avec beaucoup de sinuosités et en forme de zig-zag, principalement dans la partie basse. Son embouchure, d'environ une lieue de largeur, divisée en plusieurs branches, est très-gênée, et s'obstrue, de plus en plus, par la quantité de limon, de bois, et autres embarras qu'il entraîne avec lui, et qu'il dépose sur ses bords et dans son lit, avant que de se jetter dans le golfe. Cette embouchure ne présente que deux passes, dont la meilleure même n'offre un passage assuré qu'aux bâtimens

bâtimens qui ne tirent pas au-dessus de douze à quinze pieds d'eau. Cela est d'autant plus fâcheux, qu'en-deçà de son embouchure, le lit du fleuve, dans un cours d'environ cent lieues, et, par conséquent, dans toute la profondeur de la partie inférieure de la Colonie, qu'il partage, est assez considérable pour recevoir les plus grands vaisseaux qui y peuvent naviguer en toute sûreté. Mais cet inconvénient est tel, que des navires au-dessus de trois cens tonneaux de chargement, ne peuvent entrer, à présent, dans le fleuve, ni en sortir avec leur cargaison complète, sans courir risque d'échouer; à moins que ce ne soit au printems, durant la haute crue de ses eaux. Il y a une soixantaine d'années (à ce qu'on assure, au moins, ici), que des bâtimens de sept à huit cens tonneaux entraient librement dans le fleuve, et en sortaient pareillement en tous tems.

La profondeur du lit de ce fleuve, au centre des établissemens de la Colonie, formés sur ses bords, à-peu-près, à la hauteur du bras de la Fourche, et à cinquante et quelques lieues de son embouchure, est, autant qu'on peut l'estimer, de trente à quarante brasses, et sa largeur, au même lieu, de quatre à cinq cens toises, suivant la crue ou la diminution de ses eaux, en différens tems de l'année; ce fleuve s'enflant considérablement, en mars, avril et mai, et baissant de même, en septembre, octobre et novembre..

Le Mississipi, dans sa partie supérieure, à prendre

au-dessus du trente-unième degré, ou de cent et quelques lieues prolongées par son cours sinueux, en-deça de son embouchure, et en remontant de-là vers sa source, est, dans beaucoup d'endroits, embarrassé d'îlots, de bas-fonds, et de pointes ou branches crochues d'arbres entiers qui, chariés par son courant, durant sa crue, sont arrêtées par des bancs de sable, et forment sur la surface du fleuve, des espèces d'écueils assez dangereux, et que, sur les lieux, on nomme chicots : d'où il résulte que la navigation, dans cette partie supérieure, est, pendant la nuit, peu pratiquée, à cause des accidens qui pourraient s'ensuivre, au moins, durant la baisse du fleuve. Du reste, cette navigation n'a encore lieu que sur des chalans ou espèces de grandes arches flottantes et couvertes, en forme de coffres, qui ne sont employées que pour descendre le fleuve, et des barques ou bateaux de moyenne grandeur, propres à remonter ce même fleuve, comme à le descendre, rarement avec le secours des voiles, et d'ordinaire au moyen des rames, ou en cotoyant une des rives et halant le bateau, ou le faisant avancer à l'aide des perches. Le trajet, d'environ cinq cens lieues, qu'il y a du poste des Illinois, dernier établissement au Nord de la Colonie, jusqu'à la Nouvelle-Orléans, chef-lieu de cette Colonie, sur ces sortes de bateaux, est de quinze jours à un mois; et le retour de la Nouvelle-Orléans jusqu'à ce même poste des Illinois, est de six semaines à trois mois, suivant la saison où l'on se trouve, ou, pour mieux dire, suivant la hausse ou la baisse du fleuve.

Quoique, pendantune grande partie de l'année, le courant de ce fleuve soit assez paisible, étant rompu fréquemment par les coudes nombreux qui en restreignent la force, et traversant, d'ailleurs, une région immense, et presque plate, en raison de son étendue, où l'impulsion qui résulte de la pente des eaux, est, en conséquence, peu sensible, on ne peut le remonter qu'avec peine et lenteur. La raison en est, que ce fleuve ne jouit pas de l'avantage des marées, dont l'action y est si faible qu'on n'en peut tirer parti, et qu'en outre, le concours des vents, si utile à la navigation, ne peut produire, à beaucoup prés, les résultats efficaces qu'on en retire ailleurs, attendu que le même vent peut y être favorable ou contraire dans la même heure, à cause du changement brusque et fréquent du cours de ce fleuve. Cette navigation est si longue et si traînante, qu'un bâtiment est quelquefois plus de quinze jours, et bien souvent plus de huit, à remonter de la Balise, poste de reconnaissance et de visite, établi à l'embouchure du fleuve, jusqu'au devant de la la Nouvelle-Orléans, chef-lieu de la Colonie et entrepôt unique de son commerce, et à faire, en usant de toute voie praticable, ce trajet de trente-cinq lieues, au plus.

D'après ces difficultés existantes, on est donc

fondé à croire qu'il eût été presqu'impossible de remonter ce grand fleuve, ainsi privé de l'avantage des marées et des vents favorables, si ses sinuosités nombreuses, en prolongeant son cours, ne le rendaient moins violent et moins pénible à remonter, sur-tout durant sa crue et sa plénitude, qui ont lieu pendant les six premiers mois de l'année, à-peu-près. Il baisse, au contraire, et se tient à un certain point de décroissement dans les six autres mois, la différence des deux extrêmes étant ordinairement de douze à quinze pieds perpendiculaires. Durant sa plus haute crue, en avril et en mai, la force de son courant peut être évaluée à environ une lieue par heure, et dans son plus bas point de décroissement, vers la fin de l'année, elle est presque insensible.

A considérer, en outre, ce grand et magnifique canal, descendant de si loin, recevant, dans son sein, tant de vastes rivières, et pouvant s'accroître encore par d'autres moyens puissans, tels que la fonte des neiges et des glaces du Nord, la surabondance des pluies augmentant la masse et le volume des eaux qui s'y perdent, et la violence de leur courant ; à considérer, dis-je, ce fleuve imposant, ainsi accru, et parvenu, dans sa plénitude, aux mois de mai et de juin, sur le sol rampant et noyé de la Basse-Louisiane et partie de la Floride occidentale, que tout donne à penser qu'il a lui-même anciennement créé, charriant alors, dans un lit de quatre à cinq cens toises de large, et d'une profondeur considérable et indéterminée, une prodigieuse quantité de bois et d'arbres entiers, et traversant, assez rapidement, ce sol dont la superficie est au-dessous de celle de ses eaux, et qui ne lui oppose, des deux bords, qu'une faible levée de terre friable et sans consistance, de cinq à six pieds de hauteur, à-peu-près, dans les endroits même où l'action de ses eaux paraît être le plus à craindre; un étranger, nouvellement arrivé dans cette contrée, et qui n'est point encore fait à ce spectacle vraiment effrayant, par les conséquences terribles dont il présente l'image, ne peut revenir de son étonnement sur l'apathique tranquillité et la sécurité profonde qu'il observe parmi les colons qui habitent ces bords, et que la vue continuelle et l'habitude d'un pareil spectacle y a rendu comme indifférens, suivant les idées de l'observateur. Mais l'inquiétude et la surprise de cet étranger commencent à diminuer, quand il vient à réfléchir que ces mêmes bords sont habités par ces Colons et leurs pères, depuis quatre-vingt ans et plus, sans qu'il y soit survenu, durant ce long laps de tems, aucune catastrophe mémorable, occasionnée par l'éruption du fleuve hors de son lit; ses inondations n'ayant jamais été que momentanées, partielles, et n'ayant produit que des effets beaucoup moins funestes, heureusement, que ceux dont s'était laissé frapper d'abord l'imagination du voyageur attentif et instruit, qui se rappellait, avec effroi, les désastres nombreux et terribles qu'ont amené souvent, en d'autres régions, les débordemens des torrens, des rivières et des fleuves, contenus pourtant par de fortes et puissantes digues.

Cherchons maintenant les causes de cette espèce de phénomène physique, dont le résultat est la conservation d'un espace de soixante-dix à quatre-vingt lieues de pays, qui semble exposé, durant trois mois de l'année, au danger imminent d'être totalement, et en peu de tems, submergé par un débordement du fleuve, sans nul espoir de salut pour ses infortunés habitans.

En premier lieu, nous observerons que ce fleuve, traversant une vaste région, presque plane, avant que de se rendre aux lieux dont nous nous occupons, ne peut acquérir, de-là, aucune force, aucune violence dans son cours; que, parvenu ainsi sur les terres de la Basse-Louisiane offrant encore moins de pente que celles qui les précèdent, il parcourt cette dernière contrée avec d'autant moins d'impétuosité, que les détours qu'il forme fréquemment, et les angles saillans et rentrans de ses bords, qui se rapportent à ces mêmes sinuosités, ne peuvent que ralentir son cours, déjà modéré par lui-même, eu égard à son étendue et au volume des eaux qui le composent; et qu'en outre la masse de ces mêmes eaux est considérablement affaiblie et diminuée par la soustraction qui s'en fait d'une partie, d'où se forment, sur la rive gauche du fleuve, le bras du Manchac, autrement dit, la rivière d'Iberville, qui va se dégorger au lac Pontchartrain, et sur la rive droite, ceux de Tchafalaya, de Plaquemine et de la Fourche, qui vont se perdre, les premiers, dans des lacs situés vers le couchant méridional de la Colonie, et les frontières du Nouveau-Mexique, et le dernier, à la mer, en-deçà de ces lacs.

En second lieu, il est à remarquer principalement que le sol, plus élevé sur les bords du fleuve que dans l'intérieur des terres, à la réserve de quelques points isolés, a, de-là, vers cette même profondeur du pays, jusqu'aux lacs et à la mer, une pente peu considérable, il est vrai, mais non interrompue, et qui, procurant aux eaux du fleuve, dans ses inondations, un débouché facile, en modère la violence, et met les terres à l'abri du ravage et de la dévastation qui résulteraient de l'engorgement de ces mêmes eaux. De sorte qu'en ce pays, différent, à cet égard, de tout autre, le fleuve qui l'arrose, et semble le menacer, ne peut l'anéantir, pourtant, sous une submersion générale (à moins d'un concours, presque impossible, de causes extraordinaires), par la raison même que la superficie de ses eaux domine celle des terres circonvoisines, et que, dans ses débordemens, il y pénètre sans contrainte, au gré de la pente qu'il rencontre et qu'il suit : tandis que, dans les autres contrées, les fleuves encaissés, quand ils s'élèvent au-dessus de leurs bords, ne pouvant pas s'étendre librement dans les terres, et se trouvant comprimés et engorgés, augmentent alors de force et de violence, en raison des obstacles qu'ils rencontrent, et bouleversent tout un pays.

Voilà, je pense ; quelques-unes des causes qui peuvent servir à expliquer et la rareté des inondations de ce grand fleuve, et le peu d'importance des dégats qu'elles occasionnent, en proportion de ce qu'ils devraient être, à consulter les apparences. Et voilà, pareillement, ce qui peut contribuer à justifier, en quelque sorte, la confiance des Colons de ses bords, qui, sans faire, il est vrai, tous ces raisonnemens, et sans bien approfondir les motifs de leur confiance, dorment paisiblement aujourd'hui, comme ils l'ont fait hier, et le feront demain, à quelques pas des rives de ce vaste fleuve, à peine contenu dans ses bords, dont la superficie excède réellemeut de plusieurs pieds le niveau des terres, et qui roule et gronde au-dessus de leurs têtes.

Cependant, bien des gens conviennent que si, durant la pleine crue des eaux du fleuve, alors qu'il rase le bord des levées, et charrie quantité de bois, il survenait, par malheur, un ouragan violent, ainsi qu'on en a déjà vu dans ce pays (mais dans un tems où le fleuve avait déjà baissé considérablement,

ment, et ne chariait plus), il serait très - possible que ces circonstances réunies occasionnassent un bouleversement terrible, et dont les effets ne sauraient être calculés, et peut-être même une destruction générale, en ce que l'ouragan, gonflant énormément les eaux du fleuve, et les élevant à une hauteur extraordinaire, les porterait, ainsi que les bois de dérive, avec une violence extrême, sur ses deux bords dont les levées seraient bientôt brisées, couvrirait le pays d'un déluge effroyable, anéantirait tout, et ne laisserait, à la suite de cette affreuse crise, que des débris confus et des ruines. Heureusement que la réunion de ces circonstances funestes est, sinon impossible, au moins improbable, attendu que l'ouragan n'arrive, au plutôt, qu'en août, et que le fleuve commence à baisser, dès juin, ou en juillet, au plus tard.

On fait servir les eaux de ce fleuve, durant sa crue, en mars, avril, mai, et juin, au moyen de légères saignées qui lui sont faites, à arroser et noyer les risières ou champs de riz, et, par des canaux qui les reçoivent et les vident à quarante arpens, plus ou moins, sur les derrières et dans des fonds marécageux; à faire mouvoir quelques moulins à scie. On pourrait aussi s'en servir pour arroser les plantations de cannes-à-sucre. Mais la qualité fraîche et humide du sol dispense de cette ressource, si utile, et quelquefois même indispensable, aux Antilles. Durant cette crue, l'eau du fleuve, qui s'insinue dans l'intérieur du sol, approche tellement de la superficie, qu'en pirouettant, pour ainsi dire, en de certains endroits, on l'en ferait jaillir, ou, du moins, transpirer. C'est sur-tout alors qu'on voit ici, d'une manière évidente, le contre-sens littéral du proverbe qui dit que l'eau va toujours à la rivière. Tout au contraire, les eaux du fleuve, filtrant avec force à travers le sol, pénètrent en abondance dans les fossés d'écoulemens, ménagés sur le front et dans les flancs des plantations, où elles forment des courans, de vrais ruisseaux (non limpides, il est vrai) qui vont se perdre dans l'enfoncement des terres, vers ce qu'on appelle ici les cyprières, ou dans ces bassins qu'on nomme bayoux. C'est alors que, naviguant, en pirogue, au milieu du fleuve, il semble, au nivellement de l'œil, qu'en bien des endroits la surface de ses eaux soit presque à la hauteur du faîte des maisons de campagne, rangées de file, à cinquante toises environ de ses bords, et à trois cens toises les unes des autres, plus ou moins : ce qu'on ne peut contempler de sang-froid, quand on n'y est pas habitué.

Les habitans des bords du fleuve ne boivent d'autre eau que la sienne, attendu qu'il n'en existe point d'autre potable, et qu'on n'est pas ici dans l'usage d'avoir des citernes. On la boit filtrée, ou après l'avoir laissé déposer le limon dont elle est chargée. Avant cette préparation et en son état naturel, elle est désagréable à boire, au moins, pour ceux qui n'y sont point accoutumés, par la couleur saffranée que lui donne ce limon, et par un certain goût fade et grossier. Au reste, elle ne paraît pas avoir des qualités malfaisantes, quoique le fleuve soit le réceptacle de mille ordures, et qu'on y jette, avec une indifférence vraiment blâmable, beaucoup d'animaux morts de maladie ou accidentellement. Mais, telle que soit son eau, la nécessité y habitue, au point que les Créoles du pays, entr'autres, en font un éloge pompeux, lui attribuant les qualités les plus salubres, et notamment la propriété rare de ne point s'altérer en mer. C'est à l'expérience à confirmer et justifier leurs assertions à cet égard, que je ne prétends, au surplus, ni adopter, ni combattre, quoique, à vrai dire, je doute beaucoup de cette dernière propriété.

Au surplus, il n'existe aucune communication commode d'une des rives du fleuve à l'autre; et, à défaut de pont de bateaux qu'on prétend ici ne pouvoir y subsister par rapport à la quantité des bois de dérive qui, dit-on, s'y amoncellant dans la crue des eaux, le détruirait et l'entraînerait bientôt (ce qui me paraît probable) et de bacs qu'on ne pourrait de même y entretenir, au moins quelques barques traversières qu'on eût bien pu établir de distance en distance, à l'usage du public, avec un prix fixe pour le passage. On dirait que ces deux parties de la Colonie n'auraient entr'elles aucun rapport, aucune liaison, et formeraient deux contrées étrangères l'une à l'autre. Aussi, ce défaut de communication publique, auquel on ne supplée que faiblement, au moyen de petits Chalans, pirogues et canots, que se procurent quelques habitans pour leur usage, contribue-t-il à tenir la partie droite du fleuve, ou Louisiane proprement dite, dans un état moins vivant, moins actif, que la partie gauche, ou Floride occidentale, laquelle, aux avantages qui lui sont propres, joint celui de posséder l'unique entrepôt de commerce qui soit en la Colonie, le centre de toutes les affaires qui s'y traitent, le lieu enfin où tout vient aboutir, et d'où pareillement tout part, la Nouvelle-Orléans.

Après avoir parlé du Mississipi, de ce beau fleuve auquel nous reviendrons encore dans le courant de cet ouvrage, comme à l'objet le plus intéressant qu'il y ait en ce pays, suivons-en les bords, en remontant son embouchure, et voyons ce qui s'y présente de part et d'autre.

CHAPITRE III.

Établissement sur les bords du Fleuve, dans la partie inférieure de la Colonie, et description de la Nouvelle-Orléans.

L'ESPACE des quinze à vingt premières lieues qui s'offrent sur les deux rives, n'a rien que de monotone, de triste, et d'importun même à la vue. Une plage basse et marécageuse, en beaucoup d'endroits, noyée par le fleuve, inhabitée et inhabitable, où n'existent qu'une végétation informe et sauvage, des joncs humides ou des arbres dont les troncs croupissent dans la bourbe, et couverte, en outre, de reptiles divers, et d'insectes désolans, tels que les maringouins, et ces mouches cruelles auxquelles on a donné, sur les lieux, le nom bien significatif de Frappe-d'abord; voilà ce qui se présente au coup-d'œil, dans ce vaste espace et à l'entrée de la Colonie : échantillon sur lequel il ne faudrait, certes, pas juger de la pièce, pour en concevoir une idée avantageuse.

C'est à environ quinze lieues au-dessous de la Nouvelle-Orléans que commencent les établissemens de la Colonie, qui sont d'abord bien peu de chose, et ne présentent qu'une langue de terre cultivable entre le fleuve et des marécages, espace tellement resserré, que, des bords du fleuve, on y peut, comme on dit sur les lieux, cracher dans la cyprière. Après quoi, viennent, confusément et sans suite, au-delà de ce coude que forme le fleuve, appellé le Détour des Anglais, si difficile à doubler, un petit nombre de moulins à scier le bois, quelques sucreries, et des places où l'on cultive des légumes et des vivres, le tout disposé de file, et l'un après l'autre, le long des rives du fleuve : d'où étant, l'on peut distinguer aisément, et sans se fatiguer la vue, les limites et extrémités des établissemens faits et à faire dans toute cette longue et étroite lisière de terre, attenante au fleuve, de part et d'autre, et qui forme pourtant la portion la plus considérable et la mieux établie de la Colonie ; ces extrémités se trouvant à une demi-lieue, au plus, de la partie centrale et du point d'observation, c'est-à-dire, du Chenal de ce même fleuve qu'il est à supposer que nous remontrons en fixant nos regards à droite et à gauche.

Enfin, après huit à dix journées de navigation, plus ou moins, le bâtiment qui nous porte, avançant lentement, tantôt à la voile, tantôt à la toue, arrive et mouille devant la Nouvelle-Orléans.

Arrêtons-nous un peu en cette ville, avant

que de passer outre ; et, aprèsl'avoir suffisamment examinée dans son ensemble, ainsi que dans ses détails, faisons - en la description, ainsi qu'il suit.

La Nouvelle-Orléans est située, à-peu-près, sous le trentième degré de latitude Nord, et le soixante-quatorzième degré de longitude Ouest du méridien de l'Ile - de - Fer, à trente - cinq lieues de la mer, en suivant le cours du Mississipi, sur la rive gauche duquel elle est bâtie, dans une île dépendante de la Floride occidentale, et formée par le golfe du Mexique, le lac Pontchartrain, le Manchac ou la rivière d'Iberville, et le Mississipi. Cette île a environ soixante lieues dans sa plus grande longueur, sur une largeur variable depuis deux jusqu'à quinze lieues. Mais la majeure partie de cet espace offre des obstacles insurmontables à la culture, et ne peut même être habitée, à cause des vastes marécages dont elle est entrecoupée, et de l'impossibilité physique de les dessécher, et d'en purger un sol, qui, à l'instar de presque tout celui de la Basse - Louisiane, n'offre que peu d'écoulement aux eaux stagnantes dont il est surchargé, et qu'entretiennent l'abondance de celles des pluies et la filtration ou le refoulement de celles du fleuve et des lacs : de sorte qu'il n'est guères que la lisière d'une demi-lieue de large, bordant le Mississipi, qui soit habitée et cultivée.

Le fleuve forme, devant cette, ville une anse ou

espèce de bassin demi-circulaire, mais évasé, qui lui tient lieu de port, à son levant, le long duquel bassin viennent mouiller les bâtimens, l'un à côté de l'autre, et si près du rivage, qu'au moyen de deux fortes traverses plancheyées en forme de pont, on peut communiquer, sans gêne et de plein-pied, de terre à chaque bâtiment, et le décharger de même avec la plus grandefa cilité.

La profondeur du fleuve, mésurée au milieu de son lit, en face de la ville, est, dit-on, d'environ quarante brasses. Il y a cinquante ans, à-peu-près, que cette même mesure, prise au même lieu, donna un résultat de soixante-dix brasses. D'où il s'ensuit (à moins que ces mesures n'aient été excessivement fautives) que le lit du fleuve, en s'élargissant durant cet espace de tems, comme le fait, à cet égard, est suffisamment constaté par des rapports et des témoignages unanimes, a diminué de profondeur, et qu'il a perdu, dans un sens, ce qu'il a gagné, dans un autre. Sa largeur, prise au même endroit, est d'environ cinq cens toises, plus ou moins, et proportionnellement à la hausse et à la baisse de ses eaux.

Derrière la ville est une communication, par eau, avec le lac Pontchartrain qui n'en est pas éloigné de deux lieues, en droite ligne, vers le Nord-Ouest, et d'où peuvent remonter de petits bâtimens à voiles par la voie du Bayou St.-Jean qui s'y dégorge, à l'extrémité duquel est joint un canal ouvert,

se

il y a quelques années, par les soins de M. de Carondele, gouverneur de la Colonie, sur lequel naviguaient, dans les premiers tems de sa formation, ces mêmes goëlètes qui venaient mouiller tout auprès de la ville; ouvrage vraiment utile, à tous égards, et qui, en procurant à cette ville les avantages d'un double port, épurait et desséchait ses environs marécageux, et servait de réceptacle et d'égoût à la quantité des eaux croupissantes. Ce canal n'ayant point été entretenu depuis le départ de ce gouverneur, a perdu et perd journellement une partie de ses avantages, en se comblant, de plus en plus, et ne peut recevoir maintenant que de moyennes barques.

La ville a six cens toises de long sur trois cens toises d'enfoncement. On peut y ajouter et comprendre avec elle, un faubourg qui y tient, s'étendant, comme la ville, le long du fleuve, et d'à-peu-près trois cens toises de long, sur la moitié de large. Mais, à bien dire, la ville, et le faubourg, sur-tout, ne sont qu'ébauchés, la plus grande partie des maisons n'y étant construites qu'en bois, à rez-de-chaussée, snr des espèces de pilotis et des fondemens en briques, et couvertes en bardeaux; le tout d'un bois très-combustible, de cypre ou cyprès. Aussi, cette ville a-t-elle été incendiée, accidentellement, deux fois, dans l'intervalle d'un petit nombre d'années, au mois de mars 1788, et au mois de décembre 1794.

Et malgré cela, on élève encore, tous les jours, au centre de la ville et sur les emplacemens des anciennes maisons brûlées, sans songer aux conséquences dangereuses de ces sortes de constructions, et pour courir à l'épargne, de ces espèces de grandes échoppes où tout n'est que cypre, à l'exception des fondemens, et que je regarde comme des foyers d'incendie.

Il n'existe de bâtimens plus solides et moins risquables, que ceux élevés depuis quelques années, sur les bords du fleuve, et dans les premières rues qui se présentent au front de la ville. Ces bâtimens sont en briques cuites, à un et bien rarement deux étages, avec de petits balcons étroits sur la face du premier étage. Dans la profondeur de la ville et du faubourg, on ne voit que des baraques.

Les rues en sont bien alignées et assez larges : mais voilà tout. Bordées d'un petit trotoir large, au plus, de quatre à cinq pieds, que termine une traverse en bois de cypre, et généralement si mal entretenu, et si incommode, par la saillie des petits escaliers extérieurs qui sont aux portes des maisons, qu'un piéton n'a rien de mieux à faire que de suivre la traverse, sans s'écarter à droite et à gauche ; ces rues ne sont point pavées ; et, se trouvant encaissées par les trotoirs, et avec peu ou point de pente, elles ne sont, durant une partie de l'année, qu'un vrai cloaque, une abomination. Celles de ces rues qui partent des bords du fleuve, et coupent directement la ville, après un fort grain de pluie, ont l'air d'autant de lagunes qui ont pourtant un léger écoulement, non vers le fleuve, mais du côté opposé, dans les derrières de la ville, l'abaissement du sol étant en raison de sa distance du fleuve, dont la surface est le point le plus exhaussé de l'horizon colonial.

Quand à des édifices, il n'en existe d'autres que celui de l'Hôtel-de-ville ou Cabilde, bâti en briques, et à un étage, et l'Eglise paroissiale, aussi bâtie en briques, tous deux situés l'un près de l'autre, sur une place attenante aux bords du fleuve, et la seule qui soit en cette ville, incendiée deux fois, comme on l'a déjà rapporté, et qui, dans ces effrayantes et funestes catastrophes, n'offre à ces malheureux habitans, poursuivis par les flammes, d'autres lieux de refuge que cette même place et l'espace vuide qui se trouve sur le port, le long du fleuve.

Le bâtiment où réside le gouverneur général, est une simple maison, à un étage, située en face du fleuve, dont une des parties latérales est bordée d'nn jardin étroit et mesquin, en forme de parterre, et la partie opposée donnant sur une rue, est presque entièrement occupée, nn bout, par une galerie basse et fermée en claire-voie, et le reste, par des cours palissadées où sont les cuisines et les écuries, le tout offrant plutôt l'aspect d'une hôtellerie que le coup-d'œil imposant d'un gouvernement.

Il n'existe aucune fontaine en cette ville, et il n'est pas même possible qu'il y en ait, le pays étant totalement dépourvu d'eaux courantes, à l'exception de celle du fleuve, la seule eau potable qui y soit, et dont nous avons déjà parlé. Mais, s'il n'est point de fontaines, en revanche il n'y manque pas de puits, et il est bien peu de maisons qui n'en possèdent un ou deux. A la vérité, la dépense n'en est pas grande : on n'a qu'à creuser légèrement la terre, pour y trouver l'eau. Cette eau de puits, quoique provenant du fleuve, mais détériorée, sans doute, par sa filtration à travers une terre fangeuse, n'est ni bonne à boire, ni propre à blanchir le linge, et ne peut servir, tout au plus, qu'aux usages les plus communs. Pour la puiser, on n'a besoin que de tendre le bras avec un vase. Aussi, ces puits sont-ils couverts, par crainte d'accident.

Que dirons-nous de sa halle où se débite la viande qui sert à sa consommation, et de son marché qui se tient journellement auprès de cette halle, aux environs du fleuve, si ce n'est qu'il ne faut avoir absolument rien vu de convenable à ces sortes d'établissemens, pour prendre la peine d'en parler, à moins qu'on ne se borne à dire que c'est une vraie gueuserie ?

Cette ville, ainsi que ses environs, ne sont embellis d'aucune promenade agréable. On n'a, pour y suppléer uniquement, que la voie publique, autrement dite, la Levée, qui règne le long du fleuve, vis-à-vis la ville et dans son extérieur, de même qu'un chemin boueux ou poudreux, suivant la saison, nommé le chemin du Bayou, qui mène, par le derrière de la ville, à de petites plantations formant le canton de Gentilly et à d'autres du même genre, formant celui de la Métairie, ainsi qu'au Grand-Bayou, proprement dit, où prend le canal de Carondelet, qui aboutit aux environs de la ville, et par où l'on communique au lac Pontchartrain, sur de moyennes embarcations. Voilà tout ce qui tient lieu de promenades, et où il est du bon air d'aller se montrer, quand le tems est beau, soit à cheval, soit en voitures plus ou moins élégantes, pendant une à deux heures de la soirée, non pour y jouir des avantages et des agrémens attachés à cet exercice, tels que des allées fraîches et bien entretenues, une vue pittoresque, un air pur et sain, (car on n'y trouve rien de tout cela) mais pour y faire parade, ainsi que je l'ai déjà dit, de quelque apparence de luxe, qui, depuis huit à dix ans, malgré la guerre, ou, peut-être, à cause de la guerre même et des circonstances qui s'y rapportent, et que nous pourrons dévolopper ailleurs, a fait un progrès sensible en ce pays.

A-peu-près au centre de la ville, est une petite salle de spectacle, bâtie en bois du pays, (autre acte d'imprudence relativement aux incendies) où j'ai vu jouer la comédie, à mon arrivée en cette ville, et exécuter passablement quelques drames, et certaines pièces et opéra-comiques du second genre; la troupe qui formait ce spectacle, étant soutenue alors, par une demi-douzaine d'acteurs et d'actrices qui ne manquaient point de talens, ci-devant attachés au théâtre du Cap-Français, en l'île de Saint-Domingue, et réfugiés, depuis le bouleversement de cette île, à la Louisiane, qui a profité en cela, comme en bien d'autres objets de plus grande importance, des malheurs dont cette déplorable colonie a été affligée, sans y avoir néanmoins contribué, à l'exemple de plusieurs autres contrées qu'il est inutile et hors-d'œuvre de désigner ici.

Mais, par une suite de la mésintelligence des chefs civils et militaires de ces pays, et de l'insouciance des citadins et des colons, le spectacle a tombé, la plupart des comédiens et musiciens se sont dispersés, et la salle est demeurée fermée depuis ce tems. Il parait, cependant, que cette cause de mésintelligence ne subsiste plus actuellement : et le gouvernement, après un intérim de deux années, étant installé, et témoignant s'occuper des soins et des moyens convenables au rétablissement de ce spectacle, on cherche, depuis peu, à le relever, tant bien que mal, par la réunion du petit nombre d'acteurs et musiciens qui restent, et de quelques amateurs. On y a déjà représenté plusieurs pièces;

et même ces derniers (les amateurs), animés d'un beau feu, ont voulu, tout récemment, chausser le cothurne, et donner au public un essai, sinon de leurs talens en ce genre, au moins de leur bonne volonté, dans la représentation de *la Mort de César*. Ils ont, en conséquence, vigoureusement poignardé cet ennemi de la liberté romaine, dans la personne d'un vieux colon, ancien militaire, ayant cinquante ans de résidence dans le pays, homme encore de bonne mine et de forte corpulence, qui remplissait le rôle de César. Mais le public, qui ne s'est point prêté, sans doute, à l'illusion théâtrale, n'a cessé de voir, durant toute la représentation de la pièce, dans ces héros de l'ancienne Rome, ressuscités à la Nouvelle-Orléans, et transférés, des rives du Tibre, aux bords du Mississipi, (César, Antoine, Brutus, Cassius, etc.) que M. *, M. **, M. ***, etc. L'auguste Melpomène n'a donc point été vivement accueillie, ici, et la scène est restée à la disposition de la folâtre Thalie et de l'aimable Érato.

En hiver, durant le carnaval, il existe un bal public, ouvert deux fois la semaine, un jour pour les grandes personnes, et un autre pour les enfans, dans un local nullement apparent, qui n'est autre chose qu'une espèce de halle, ménagée au centre d'une grande baraque, située dans une des rues transversales de la ville ; lieu de parade où l'on ne peut se rendre, par fois, qu'au risque d'être amplement crotté, même au moment d'y pénétrer, malgré toutes les précautions possibles. Cette salle de danse est un boyau long d'environ quatre-vingt pieds sur trente et quelques pieds de large ; des deux côtés duquel boyau on a ménagé des gradins ou espèces de loges, où se placent les mamans, et celles qui, ne dansant point, y font tapisserie, et sont, comme on dit ici, par forme d'ironie, et je ne sais pourquoi, *Bredouilles*, jusqu'à ce qu'étant prises enfin pour danser et descendant les gradins, de froides spectatrices, aux regards abattus, aux traits allongés, elles deviennent bientôt d'ardentes actrices, au teint vif, aux yeux pétillans, et sont, dès-lors et par le fait, complètement *débredouillées*. Au-dessous de ces gradins, est une rangée de bancs et chaises pour les danseuses qui se relayent, et entre ces loges et ces bancs, est une espace de deux à trois pieds de large, où sont entassés pêle-mêle, et froissés les uns sur les autres, et danseurs de réserve et simples assistans. Les joueurs d'instrumens sont cinq ou six Bohêmes ou gens de couleur, râclant fortement du violon, et rangés en file, sur une espèce d'estrade, au milieu d'un des côtés de la salle.

Cette salle est faiblement illuminée, pour un lieu de cette nature où l'on doit prodiguer l'éclat et les reflets de la lumière, sans lustres, sans trumeaux, sans décorations quelconques. Et d'ailleurs,

la

la distribution et la mesquinerie du local, où il n'est pas jusqu'au simple plancher qui ne soit pitoyable, y rendraient tout embellissement ridicule.

C'est donc là que, dans les mois de janvier et février, et rarement avant ou après, on va se trémousser, hommes et femmes, une ou deux fois la semaine, depuis sept heures du soir jusqu'au lendemain matin, et se lasser à figurer, *grosso modo*, des contre-danses, et quoi encore ? des contre-danses, au son aigu de quelques violons maniés par des ménétriers, qui en donnent aux danseurs pour leur argent. Le prix d'entrée, en ce charmant réduit, ce temple de Therpsicore, est uniformément fixé à quatre escalins ou demi-piastre par individu, sans distinction de sèxe. Chacun, à ce prix (j'entends la classe blanche), y peut entrer avec une mise décente, mais sans masque ; (qu'on n'y admet plus depuis une scène scandaleuse qui y provînt de quelque mascarade) et y figurer à son gré, soit comme spectateur, soit comme acteur, s'il peut néanmoins trouver place pour danser, au milieu de cette cohue où il règne assez peu d'ordre, et où le plaisir qu'on peut trouver à la danse, est réservé à un certain nombre de personnes, et concentré dans quelques cotteries qui ont l'adresse de s'assurer, entr'elles, les places et de danser continuellement à la barbe et au nez de ceux qui n'y sont point admis, jusqu'à ce que, par lassitude ou autrement, elles veulent bien les laisser cabrioler à leur tour. Cette espèce de monopole, exercé, avec dessein et prétention, sur la jouissance d'un amusement, qui, par son essence, devrait être commun à toute la société, cette aristocratie d'entrechats, de coulés, et de jetés-battus, a occasionné ici, quelquefois, des querelles violentes, et même des voies de fait sérieuses, au point qu'une respectable mère de famille de ce pays, ne peut qu'attribuer à cette même cause la perte de son fils unique, jeune homme de dix-huit à vingt ans, qui donnait de belles espérances, et qui, nouvellement arrivé d'Europe, et assistant à l'un de ces bals, y fut provoqué ouvertement par un individu des ces cotteries, se battit le lendemain avec lui, et fut tué d'un coup d'épée.

Au sujet des rixes qui se forment de fois à autre, en ce lieu consacré aux amusemens et à la joie, par un effet de diverses prétentions ridicules et mal fondées, ne s'en est-il pas dernièrement élevé une, dont les suites auraient pu être très-funestes, à tous égards, sans la présence d'esprit de deux ou trois jeunes français, nouvellement arrivés en ce pays, qui s'interposèrent promptement entre les militaires et les bourgeois du lieu, prêts à en venir aux mains, au milieu de la salle et d'une foule de femmes et de filles épouvantées, éperdues, et dont quelques-unes même tombèrent évanouies, aux approches du choc, ou en firent le semblant, et d'autres se jettèrent dehors par les fenêtres? Il me prend envie de vous raconter le fait, en ce qu'il est caractéristique : et voici ce dont il s'agit. Le fils aîné du gouverneur général, dansant mal les contre-danses françaises, ou ne les aimant pas, et voulant néanmoins danser, avait plusieurs fois réussi à y faire substituer les contre-danses anglaises dont il s'acquitte mieux, ce à quoi l'assemblée avait adhéré par condescendance au goût et aux dispositions de M. le fils du gouverneur. Cet acte de complaisance, de la part de l'assemblée, fut sans doute mal interprêté par notre jeune espagnol, qui s'en fit un titre (comme cela est assez ordinaire), pour en abuser. Et de fait, sept contre-danses françaises s'étant formées, et les danseurs et danseuses commençant à se mouvoir au son des instrumens, voilà notre étourneau qui, sans autre préambule, se met à crier : « *Contre-danses anglaises* » ; et nos figurans, choqués de son indiscrétion, et qui, d'ailleurs, étaient déjà en branle, de crier, à leur tour, et plus fort : « *Contre-danses françaises* ». Au fils du Gouverneur se joignirent quelques-uns de ses adhérens qui répétèrent avec lui : « *Contre-danses anglaises* » ; et les danseurs et les spectateurs redoublèrent les cris de « *Contre-danses françaises* ». C'était un chamaillis confus, un brouhaha qui ne finissait point. Alors, l'agresseur, voyant qu'il ne pouvait pas en venir à ses fins, donne ordre aux ménétriers de cesser de jouer ; et ils obéirent sur-le-champ. D'un autre côté, l'officier espagnol qui était de service pour maintenir le bon ordre en ce lieu, ne songeant qu'à complaire au fils du gouverneur, fait avancer sa garde, composée de douze grenadiers, qui entrent dans la salle du bal, le sabre au côté et la bayonnette au bout du fusil. L'on dit même que le tumulte, redoublant, à la vue de cette garde, il lui ordonna de faire feu sur l'assemblée, si elle ne se dispersait aussitôt : mais ce n'est là qu'un ouï-dire. Imaginez, alors, l'épouvante des femmes qui jettaient les hauts-cris, et la fureur des hommes, dont le nombre s'augmenta bientôt par le concours de ceux qui étaient dans les salles de jeux et qui vinrent se joindre à ceux de la salle de danse. Grenadiers d'un côté, joueurs et danseurs d'un autre, étaient sur le point d'en découdre; fusils, bayonnettes, et sabres, d'une part, épées, bancs, chaises, et tout ce qui se trouvait sous la main, de l'autre. Pendant tout ce grabuge, que faisaient plusieurs américains, gens pacifiques, habitués au rôle avantageux et prudent de la neutralité, et qui ne s'étaient prononcés ni pour les contre-danses françaises, ni pour les anglaises ? Ils emportaient, hors du champ de bataille, les dames évanouies ; et, chargés de ce précieux fardeau, ils se faisaient place au milieu des bayonnettes et des épées, et gagnaient le large. M. ***, commerçant français de cette ville, accourant d'une chambre de jeux au secours de sa femme, la trouva déjà hors de la salle de danse, évanouie entre les bras de quatre américains qui s'en allaient avec.

C'est au plus fort de tout ce tapage, et dans l'instant où la scène s'apprêtait à devenir sanglante, et que la farce, commencée par le fils du gouverneur, aurait pu finir par être tragique, c'est dans ce moment de crise, que trois jeunes Français, depuis peu arrivés ici, montèrent dans les loges qui bordent la salle ; et là, perrorant avec éloquence et fermeté, en faveur de la paix et de la concorde, et pour l'intérêt du sèxe dont ils prirent, en main, la cause, ils réussirent, nouveaux Mentors, à calmer l'agitation commune, à pacifier les esprits, et à rappeller l'ordre et l'harmonie dans ce lieu de discorde et de vacarme. Le bal même reprit et continua le reste de la nuit, en présence du vieux gouverneur, qui s'y rendit pour affermir l'ouvrage heureux de la pacification qui venait de s'effectuer, grâce à nos jeunes orateurs ; le champ de bataille demeura aux contre-danses françaises, et l'officier de garde en fut quitte pour être mis aux arrêts, le lendemain. Et voilà comme une orgueilleuse prétention, un ton de supériorité bien déplacé, un abus de pouvoir, faillirent à faire verser d'amères larmes, dans un lieu destiné aux ris et aux jeux. C'est, à ce sujet, qu'une dame anglaise, en me rapportant, quelques jours après, les circonstances de cette comique aventure, me dit, d'un ton moitié grave et moitié plaisant : ,, S'il ,, est un lieu où il doive, au moins, être per- ,, mis de suivre ses goûts et d'agir en liberté, ,, tout autant que cela n'est pas contraire au ,, bon ordre, c'est une salle de danse ; et, cer- ,, tes, le pouvoir arbitraire a bien mauvaise ,, grace de vouloir s'étendre jusques-là ,,.

Quoique le lieu dont je parle serve au développement de la parure des femmes, et en offre le point de vue le plus complet et le plus satisfaisant, je ne ferai point ici mention de ces ornemens de leurs charmes : un tel détail m'amenerait trop loin. Mais je n'oublierai point un objet aussi gracieux par lui-même, et je me propose d'y revenir ailleurs.

Voilà ce que j'avais à dire, concernant le bal public de la Nouvelle-Orléans, seul amusement qui soit en cette ville, où il ne se donne que très-peu de fêtes publiques ou particulières, au moins, qui en méritent le nom. J'observerai seulement encore, avant que de passer outre, que le bal des enfans est plus gai, plus récréatif que celui des grandes personnes où il règne un ton d'apprêt, de gêne, et de causticité réciproque, dont un étranger s'apperçoit bien vîte et hausse les épaules. Au lieu que la joie naïve, les étourderies plaisantes, et l'aimable liberté de cette nombreuse jeunesse, qui saute et caracolle avec d'autant plus de plaisir, qu'elle n'a rien en vue que son amusement, offrent un spectacle plus piquant, plus original, et plus agréable, à tous égards, que le premier; et qu'au demeurant, marionnettes pour marionnettes, les petites y sont plus intéressantes que les grandes.

Tout ce que je viens de dire, à ce sujet, est fondé sur la vérité, et peut servir à apprécier, d'une manière positive, les éloges emphatiques et pompeux que les gens du pays prodiguent, ailleurs et sur les lieux mêmes, en présence des étrangers et des nouveaux arrivés, à ce bal public dont ils semblent engoués, (ainsi que de tout ce qui appartient généralement à leur pays) et qui, à leur dire, équivaudrait presque au fameux Ridotto de Venise, au brillant waux-hall de Londres, et au grand-bal de l'Opéra de Paris. Il faut bien faire ensorte d'abattre ces vaines fumées de gloriole nationale, et réduire les choses à leur juste valeur, c'est-à-dire, à bien peu. Tel est le vrai but d'une relation exacte et sincère, non de ce qu'on suppose être, mais de ce qui est réellement. Je ne veux point présenter les objets, de quelque nature qu'ils puissent être, à travers un prisme qui, pour les embellir, les déforme, mais tels qu'ils sont en effet. Et l'on ne m'appliquera pas, j'espère, le proverbe adressé à tant d'autres voyageurs : *Il fait beau mentir à qui vient de loin.*

Qu'avons-nous encore à désigner en cette ville, au sujet de ces établissemens ? Je n'y vois rien de plus que son corps de casernes et les dépendances, son hôpital militaire ou royal, qui n'est pas grand chose, son hôpital public ou de la Charité, qui vaut bien mieux, son fort St.-Charles, qui n'est qu'un fortin, ses prétendus remparts, qui ont tant coûté au Roi et aux particuliers, il y a six à sept ans, et qui, déjà, tombent en ruines et s'écroulent de tous côtés, ses mesquines lanternes, qui, placées uniquement à chaque carrefour, avec trois petits lampions, durant les nuits d'hiver, n'éclairent qu'à dix pas, et laissent tout le reste de l'espace dans une obscurité profonde, et finalement un couvent de religieuses, monument du gouvernement Français, ainsi que les casernes, et les magasins du Roi. Tout cela n'a pas grande apparence, et ne peut être considéré, que par rapport aux lieux où ces établissemens se trouvent, et non différemment. Au surplus, n'y cherchez nul autre établissement public, tel que, bourse ou lieu de réunion pour les affaires de commerce, bureau de postes pour la Colonie, collège, bibliothèque, rien enfin qui puisse être relatif au bien commun.

Dans le fauxbourg se sont formées deux manufactures intéressantes, savoir ; celle de deux moulins à coton, réunis dans le même atelier, avec tout ce qui en dépend, où l'on peut nétoyer,

emballer,

emballer, peser et livrer, par jour, un millier, au moins, de coton marchand ; et celle d'une raffinerie qui sert à tirer parti des sucres inférieurs de la Colonie, par une élaboration nouvelle, et qui, au moyen des procédés de l'art, réussit à en faire un sucre blanc d'une assez belle apparence, établissement utile et que ce pays doit encore, ainsi que celui de ses sucreries, à des Français qui s'y sont réfugiés de St.-Domingue.

La population intrinsèque de cette ville et du fauxbourg qui en dépend, est d'environ dix mille individus de tout sexe et de tout âge, dont quatre mille blancs, deux à trois mille affranchis, et le reste, esclaves. Dans ce dénombrement ne sont pas compris sept à huit cens hommes qui composent la garnison de cette ville, ainsi que ceux attachés au service de la marine royale et marchande, et les étrangers non domiciliés.

Tous les objets de subsistance que le pays produit, ont presque doublé de valeur, à la Nouvelle-Orléans, depuis quelques années, et deviennent encore journellement plus chères, par une suite de l'accroissement continuel de la population locale et sur-tout étrangère, ainsi que de la préférence qu'ont donné beaucoup de petits habitans à la culture du coton sur celle du riz et sur la multiplication des autres productions alimentaires, végétales ou animales, qui étaient ci-devant l'objet de leurs travaux. De sorte qu'à présent, au marché de la Nouvelle-Orléans, un baril de riz pilé vaut couramment huit à neuf piastres, un quart de maïs en épis, une piastre, un dinde, une piastre et demie à deux piastres, un chapon, de six escalins à une piastre, une poule, quatre à cinq escalins, un poulet de grain, vingt-cinq sols ou un quart de piastre, une paire de petits pigeons, trois escalins, une douzaine d'œufs, vingt-cinq sols, et ainsi de tout le reste à proportion. La barrique de vin de Bordeaux coûte actuellement quarante piastres, à cause de la circonstance de la paix : elle valait ci-devant soixante à soixante-dix piastres, et a valu même jusqu'à cent piastres. Le baril de farine vaut sept à huit piastres, et quelquefois moins. Les loyers sont très-chers dans toute la partie de la ville qui avoisine la rade, à cause du commerce, et le sont, beaucoup moins, ailleurs. En un mot, je ne crois pas qu'une famille composée du père, de la mère, de quelques enfans, et de trois ou quatre domestiques, puisse en être quitte, au bout de l'an et toutes dépenses payées, à moins de deux mille piastres, uniquement pour le soutien d'un honnête nécessaire, et sans aucune superfluité.

Les monnaies courantes, en cette ville, ainsi que dans toute la Colonie, sont : en or, la quadruple, valant seize piastres, la demi-quadruple, huit piastres, et quelques autres pièces de moindre valeur, mais toutes assez rares; en argent, la piastre gourde, valant huit escalins ou cent sous, la demi-piastre, valant quatre escalins ou cinquante sous, le quart de piastre ou gourdin, valant deux escalins ou vingt-cinq sous, l'escalin valant douze sous et demi, et le picaillon ou demi-escalin, valant six sous un quart. Au surplus, cette valeur de sous n'est ici qu'idéale, attendu qu'il n'y en existe point d'espèce représentative, ni aucune monnaie en cuivre. La piastre gourde est évaluée à cinq livres, six à sept sous, tournois.

Voilà ce qu'est, en son état présent, la Nouvelle-Orléans, qui mériterait plutôt, à bien dire, le nom de villace que celui de ville, si elle avait plus d'étendue, et dont je ne puis enfin vous donner une idée plus précise, après ce que j'en ai déjà dit, qu'en vous la présentant comme un lieu des plus tristes et des plus désagréables qui soit au monde, et par son ensemble et par ses détails, et par l'aspect brute et sauvage de ses environs. Ce dernier coup de pinceau doit suffire. Et c'est-là, pourtant, l'unique cité qui soit en cette Colonie, c'est *la Capitale*, c'est *la Ville*, par excellence, ainsi qu'elle est nommée et désignée par la majeure partie des colons, imitateurs, en cela, des anciens romains qui désignaient Rome, alors capitale du monde connu, la reine des villes d'Europe, d'Asie et d'Afrique, par le simple mot *d'Urbs*, privativement et sans autre dénomination explicative. *Sic parva conponere magnis , etc.*

Cependant , on ne peut disconvenir que la Nouvelle - Orléans est destinée a devenir , par la suite des tems , une des principales villes de l'Amérique septentrionale , et pent-être même la plus importante place du commerce du nouveau monde , si elle peut conserver l'avantage inappréciable d'être l'unique entrepôt et le point central d'une contrée presque plane , et d'environ quatre cens lieues de profondeur directe du nord au sud , sur une largeur commune d'à-peu-près deux cens lieues , dont le Mississipi est l'unique débouché , et dont la grande étendue , le sol fertile , et le climat salubre en général , ont des droits certains à une population immense , tout autant que des causes morales n'arrêtent et ne compriment pas l'influence naturelle des causes physiques en cette vaste région. Voilà ce qui s'offre d'intéressant et de vraiment imposant à l'imagination sur le sort futur de la Nouvelle-Orléans , et c'est dans ce sens et sous ce point de vue , qu'on peut l'appeller , par anticipation , la capitale de cette partie du monde dont les relations avec l'Océan sont concentrées sur le Mississipi.

Non-seulement il n'existe point une autre ville , mais même un seul bourg, un village , un hameau , dans toute l'étendue de la Basse-Lousiane , soit sur les rives du fleuve, soit dans les divers cantons dispersés loin de ses bords ; à moins qu'on ne veuille gratifier du nom de ville ou bourgade l'établissement de Pensacole, qui eut l'apparence d'une petite ville, du tems qu'il appartenait aux Anglais, mais qui, depuis qu'il est retombé sous la domination Espagnole, n'a fait que décheoir, et n'est plus, à bien dire, qu'un poste militaire.

CHAPITRE IV.

Suite des Établissemens sur les bords du Fleuve, et dans la partie inférieure de la Colonie.

APRÈS vous avoir dépeint le chef-lieu de la Colonie, il faut vous présenter maintenant ses Établissemens ruraux, en débutant par ceux formés sur les bords du fleuve.

Je vous ai déjà dit que cette partie intéressante du pays pouvait comporter une étendue de soixante-quinze lieues quarrées de surface habitée ou habitable, coupée, en toute sa longueur, par le fleuve, à prendre de quinze lieues au-dessous de la ville, et monter jusqu'à soixante lieues au-dessus, en suivant les sinuosités du fleuve et de ses bords, espace qui, en ligne directe du Sud-est au Nord-ouest, n'a guère plus de la moitié de cette distance.

Il n'existe et ne peut même exister qu'une rangée de plantations sur chaque bord du fleuve, comprenant toute la profondeur du pays habitable. Chacune de ces plantations est composée de quarante arpens ou demi-lieue d'enfoncement, sur cinq, dix, quinze, vingt arpens de face, quelques-unes au-dessus et d'autres au-dessous de cette mesure commune. Il n'est donc, généralement parlant, sur l'un et l'autre bord, de terres cultivables qu'une lisière d'environ demi-lieue de large, partie découverte et partie encore en bois, au-delà duquel espace on ne trouve plus que des Cyprières, qui sont des terreins marécageux et couverts de cypres ou cyprès, espèce d'arbres qui se plaît et croît sur ce sol aquatique, et des prairies noyées et terres tremblantes en beaucoup d'endroits, qui n'unt presque aucune consistance; cantons inhabitables, au moins pour l'homme, entrecoupés par des Bayoux, espèce de canaux ou conduits naturels, remplis d'une eau presque dormante, et qui provient, en grande partie, de l'égoût, et de la filtration de la terre, lesquels Bayoux vont presque tous aboutir à des lacs ou lagunes situés au-delà des cyprières et des prairies, et dont les principaux sont, le lac Pontchartrain, à la gauche du fleuve, et le lac Barataria ou des Ouachas, à sa droite, l'un et l'autre communiquant à la mer.

Ces lieux brutes et sauvages ne sont partiellement utiles, savoir; les cyprières, que par le bois de construction qu'on peut en tirer, tout composé de cypres; les prairies, que par la ressource des paturages qu'elles offrent aux bêtes à cornes, durant une partie de l'année; les lacs, par l'abondance des coquilles qu'on trouve amoncelées, en plusieurs endroits, sur leurs bords, qui servent à faire une assez bonne chaux, la seule qu'il soit possible de se procurer en ce pays totalement dépourvu de pierres calcaires et de toute espèce de roches; et les bayoux, enfin, par les communications qu'ils ouvrent et facilitent au centre de ces régions noyées, au moyen de leurs eaux paisibles et qui offrent une navigation intérieure à de moyennes pirogues. Ces terres marécageuses et ces lacs, procurent, en outre, le plaisir de la chasse des canards, des lapins, et des chevreuils, à ceux qui en peuvent supporter les fatigues et les incommodités, qui ne sont pas légères. Aussi, de telles parties de chasse, qui n'ont ordinairement lieu que dans l'arrière-saison et au commencement de l'hiver, seul tems qui y soit propice et où la chasse même soit abondante, ne sont-elles pratiquées que par des nègres, des mulâtres, des sauvages ou naturels du pays, etquelques créoles blancs, habitués, dès leur enfance, à ce genre d'exercice pénible et dur.

Revenons maintenant sur les bords du fleuve, dont nous nous sommes écartés un moment, afin de donner une idée de ses alentours à partir de ces mêmes bords pour pénétrer dans l'intérieur du pays, et continuons à observer ce qui s'y présente en sortant de la ville.

Faisons remarquer, au surplus, que, dans toute cette longue partie de la Colonie qui traverse le Mississipi et qui s'étend sur ses rives, dans l'espace de soixante-quinze-lieues, il n'existe que deux routes principales, qui sont établies le long de ce fleuve et sur ses deux bords, d'une extrêmité du pays à l'autre, dans l'espace de vingt à trente toises, plus ou moins, qui se trouve entre les clotûres des habitations et le fleuve, lesquels chemins sont affreux dans certains endroits et supportables dans d'autres.

Les trois à quatre premières lieues des deux bords sont désignées sous le nom de Côte des Chapitoulas. Au-dessus, est celle dite des Cannes-Brûlées, un peu moins longue. Ensuite, on rencontre successivement la première Côte ou Paroisse des Allemands, qui est l'endroit le mieux établi et le plus florissant de la Colonie, et la deuxième Côte ou Paroisse des Allemands, où se terminent les principaux établissemens en sucreries, à environ vingt lieues de la ville. Au-dessus se présente la longue et pauvre Côte, dite des Acadiens. Puis, on arrive à la Côte élevée du Bâton-Rouge, distante, d'environ quarante lieues, de la Nouvelle-Orléans, et sur la même rive. A dix lieues au-delà, on parvient à la Côte ou Paroisse de la Pointe-Coupée, sur la rive droite, ayant six à sept lieues de longueur, et dans ses derrières, un autre établissement qui en dépend, situé auprès de l'ancien lit du fleuve, qui n'y communique actuellement que durant la haute crue des ses eaux, d'où cet établissement a pris le nom de Fausse-Rivière.

Le quartier de la Pointe-Coupée est un des plus considérables de la Colonie, par sa population, ainsi que par ses riches produits en indigo, et sur-tout en coton qui y réussit très-bien. A tout considérer même, c'est, quant à-présent, l'Etablissement qui offre le plus de ressource au commerce, en proportion de son étendue.

Vis-à-vis de la Pointe-Coupée, et sur la rive gauche, est le canton des Ecores ou du Bayou-Sara, nouvellement établi dans l'intérieur des terres, aux bords du Bayou de ce nom.

Voilà où se terminent, à-peu-près, les établissemens de la Basse-Louisiane et de la Floride Occidentale, sur les bords du fleuve.

CHAPITRE V.

Établissemens séparés des bords du Mississipi, dans la partie inférieure et interne de la Colonie.

PASSONS des rives de ce fleuve aux cantons ou postes, ainsi qu'on les désigne ici, qui en sont séparés, dans la partie inférieure de la Colonie.

D'abord, nous rencontrons le canton de la Fourche, situé à environ vingt lieues au-dessus de la Nouvelle-Orléans, à la rive droite du Mississipi, sur les deux bords d'un de ses bras, qui va se perdre à la mer, à trente et quelques lieues du fleuve. Ce canton est habité, ainsi que la côte, au-dessous et au-dessus de la Fourche, par des Acadiens transférés en ce pays, depuis la paix de 1763, leurs enfans, et quelques Espagnols, Bas-Bretons, et autres. C'est le quartier de la Colonie, où la population blanche est la plus nombreuse, en raison de l'étendue du lieu.

Ces Acadiens, qui forment la majeure partie de cette population, eux et leurs enfans, sont des hommes simples et bons, quoique grossiers, comme doivent l'être des gens sans éducation, sans moyens;

et jetés dans ce coin du monde, où, durant une partie de l'année, ils demeurent isolés, renfermés, du moins quant à la communication par eau avec les bords du fleuve et le chef-lieu, qui est l'unique voie de commerce, existante en cette Colonie, et qui leur est alors interdite. On ne peut disconvenir aussi qu'ils ne soient généralement indolens, et, par un effet de leur inertie, assez misérables. La plupart d'entr'eux sont communément nuds pieds, habitent de chétives cabanes, où l'on trouve à peine une table et des bancs, et vivent de salaisons et de gâteaux de maïs, quoique possédant des terres fertiles où tout réussit bien, notamment le coton, qui pourrait leur procurer quelque aisance, attendu que la culture de cette plante est très-aisée, et qu'ils auraient, d'ailleurs, dans leurs nombreuses familles, une quantité suffisante de bras pour son entretien et son exploitation. Ils n'en cultivent, cependant, que ce qu'il leur en faut absolument pour la fabrique de quelques pièces de cotonnade grossière, mais d'un assez bon tissu, qu'ils font eux-mêmes et qu'ils teignent avec de l'indigo et quelques autres ingrédiens, dont une partie sert à les vêtir, et dont le reste est vendu par eux, ainsi que le maïs, la volaille, et les porcs, qu'ils transportent en ville, lorsque la crue des eaux du fleuve, couvrant la barre qui subsiste entre ce fleuve et le bras de la Fourche, leur permet de sortir, en pirogues, de leur retraites; objets dont la vente leur procure un peu d'argent, et quelques articles du Commerce extérieur dont ils ne peuvent se passer.

Au surplus, ce canton, tel quil est, ne met rien dans la balance du commerce de cette contrée; et, quant à l'utilité dont la Colonie peut être à sa métropole ou à toute autre nation commerçante, en raison de ses productions, il serait tout aussi bien colloqué dans les montagnes des Asturies ou en Basse-Bretagne, qu'à la Louisiane. Et c'est, en partie, à cause de l'insouciance et de l'apathique inaction de ses habitans, qu'ils se trouvent claquemurés dans leur trou, pendant sept à huit mois de l'année; en ce qu'ils ont laissé s'obstruer, de plus en plus, par des dépôts successifs de bois flottans et de vase, l'entrée de leur bras du fleuve, et que ce fleuve ne peut, maintetenant, y pénétrer que dans la crue de ses eaux, depuis la mi-février jusqu'à la mi-juin ou au commencement de juillet.

Passons de cet établissement aux quartiers réunis des Atacapas et Opéloussas, auxquels il communique: Aprés avoir traversé le canton de la Fourche, dans presque toute sa longueur, il faut vous embarquer sur une espèce de lac ou lagune qui, au bout de quelques heures de navigation, faite dans de petites barques ou des pirogues, vous rend sur le territoire des Atacapas.

Le canton des Atacapas est une plaine de vingt à vingt-cinq lieues de long, sur sept à huit de large, bornée, dans sa partie basse, par la mer, dans sa partie haute, par le quartier des Opéloussas, du côté qui avoisine le Mississipi, par des lagunes et des espaces marécageux, et de l'autre, par des crêtes ou monticules arides, appelées, sur les lieux, pinières, en ce qu'elles sont couvertes de pins. Ce canton est généralement dégarni de bois, entrecoupé de flaques d'eau, couvert de grandes prairies favorables à la multiplication des bestiaux, et arrosé par le Bayou-Têche, qui a son embouchure à la mer, et qui est assez considérable pour qu'on puisse le remonter jusqu'au centre du canton, durant presque toute l'année, avec de grands bateaux et des goëlettes de cent tonneaux et même plus; commodité dont, jusqu'à présent, ce canton n'a tiré presque aucun avantage, par une suite de la nonchalante insouciance des habitans du lieu, ainsi que des agens du gouvernement espagnol, et peut-être aussi pour des raisons politiques de la part de ce même gouvernement, qui ne verrait pas de bon œil, suivant toute apparence, des bâtimens d'une certaine grandeur, pénétrer, de la mer, dans l'intérieur de ce pays, qui se rapproche de leurs possessions du Nouveau-Mexique.

Le quartier des Opéloussas vient à la suite du précédent, à l'étage supérieur, en s'enfonçant dans les terres. Ce quartier offre un aspect et des particularités uniques dans la Colonie de la Basse-Louisiane : il est entre-mêlé de côteaux et de vallons, et présente une agréable diversité de parties hautes et planes, à l'œil fatigué de la monotonie des sites du reste du pays, où l'on ne voit jamais qu'un horison plat et resserré par un rideau de bois dont la perspective triste et sombre est toujours la même, bien différente, à cet égard, de celle dont on jouit en ce quartier, et qui varie, à chaque instant et au moindre changement de position, les points-de-vue pittoresques, dont il est embelli. Un autre avantage, ou agrément, du moins, particulier à ce canton, est celui des fontaines et eaux limpides et courantes dont il est arrosé. Par-tout ailleurs, on ne voit que l'eau terne et lourde du fleuve et des bayoux, ou l'eau dormante et saumâtre des lacs. Ce canton a environ la même longueur que le précédent, avec plus de largeur : mais son sol parsemé de monticules, est, en général, moins fertile. Borné par les Atacapas, dans sa partie inférieure, il l'est, dans celle qui le sépare du Mississipi, par des terres basses et noyées, et des autres côtés, par des éminences ou pinières qui s'étendent au loin dans l'intérieur du Continent, séparées par des vallées étendues et couvertes de grands bois.

On fait encore, à-présent, un peu d'indigo, dans l'une et l'autre partie. Mais la culture principale est celle du coton, qui y prospère. On m'a assuré que, d'après des essais qui y ont été faits en divers endroits, la vigne et le froment y réussisent fort bien, et donnent un produit en vin et farine, dont la qualité n'est point à dédaigner, et serait peut-être estimée, si une culture bien appropriée à ces précieuses plantes et une bonne manipulation venaient à rectifier ce qu'on peut y trouver de défectueux. On y élève aussi une grande quantité d'animaux, et principalement de bêtes à cornes, qu'on fait descendre, avec beaucoup de peine, aux bords du fleuve, pour les besoins de la Colonie.

Je crois devoir observer que ces deux quartiers, qui, par leur position et leur ensemble, n'en forment, à bien dire, qu'un seul, de quarante à cinquante lieues de long, sur sept à huit de large, plus ou moins, meritent une considération spéciale, par l'étendue de leur sol, ainsi que par sa bonté, (à la réserve de quelques portions des Opéloussas), par la salubrité de l'air qu'on y respire, le plus sain qui soit dans la colonie, et enfin par la nombreuse population blanche qui y est fixée, Il n'est pas douteux que ces cantons réunis offriraient, au moyen d'un renfort de cultivateurs noirs qui y seraient répandus, d'assez grands produits en coton, et même en indigo, qui s'y soutient mieux que par-tout ailleurs, outre une augmentation considérable dans ses bestiaux, si les colons de ces quartiers avaient l'avantage de jouir

jouir d'un entrepôt de commerce dans leur arrondissement, ainsi que la possibilité en existe par la rivière, autrement dit, le bayou Têche, canal naturel qui, avec des travaux peu considérables, recevrait et introduirait dans le centre de ces établissemens, durant toute l'année, de moyens bâtimens; d'où ces colons expédieraient alors directement, et par la voie de la mer, les productions diverses de leur sol et les fruits de leurs travaux, au lieu d'être obligés de les faire descendre à la Nouvelle-Orléans (distante de leur quartier d'environ soixante lieues), par la voie pénible et lente du fleuve, dont ils ne peuvent même profiter que pendant quatre mois de l'année (mars, avril, mai, et juin), lorsque la crue du fleuve, en faisant refluer ses eaux dans les bras de la Fourche et de Plaquemine, établit, durant ce seul tems, une communication, toujours difficile, entre ces divers cantons et le chef-lieu. Inconvéniens majeurs qui n'ont pas permis, jusqu'à ce jour, aux habitans des Atacapas et Opéloussas, d'atteindre au degré de culture et d'aisance auquel ils auraient pu prétendre, en jouissant d'un entrepôt dans leur intérieur, et d'un débouché par la mer, et qui lès ont toujours tenus dans la gêne et dans la médiocrité.

Quand on est parvenu au fond du quartier des Opéloussas, on peut de-là se rendre directement, et en peu de tems, à travers un pays mêlé de bois et de prairies, aux derniers établissemens supérieurs de la Basse-Louisiane, formés sur les bords de la Rivière-Rouge, qui a son embouchure dans le Mississipi, à environ quinze lieues au-dessus des limites de la Pointe-Coupée, et sur ceux du Ouachita, qui tombe dans la Rivière-Rouge.

Là, on rencontre d'abord, en quittant le Mississipi et remontant la Rivière-Rouge, le canton des Avoyelles, qui n'est que de peu d'importance, et dont les productions consistent en une petite quantité de tabac et de coton; ensuite, celui des Natchitoches, fameux par son tabac d'une qualité rare, et où l'on exploite aussi une médiocre quantité de coton; et enfin, celui du Ouachita, établi, depuis quelques années, sur les bords de la rivière de ce nom, que reçoit la Rivière-Rouge, à environ quarante lieues de son embouchure et sur sa rive gauche, où croît un peu de froment, et où l'on récolte aussi du coton et du tabac en petite quantité. Nous observerons, en passant, qu'on présume, assez généralement, que les hauteurs de ce canton du Ouachita possèdent des mines diverses, mais dont la nature et même l'existence ne sont pas encore constatées.

Ces trois derniers établissemens, disséminés dans un vaste espace, n'offrent que de faibles ressources au commerce, à cause de leur médiocre population et de leur éloignement du chef-lieu, où les habitans de ces cantons ne viennent guères qu'une fois l'an, sur de petits bateaux qui descendent la Rivière-Rouge et le fleuve, et d'où ils ne sont de retour chez eux, par la même route, qu'après un voyage, vraiment fastidieux, de quinze jours à trois semaines, suivant la distance des lieux. Ces mêmes trois établissemens, compris dans l'étendue de la Basse-Louisiane, me semblent, du reste, appartenir davantage à la Haute, et par leur position, et par la nature de leur sol.

Des postes supérieurs de la Basse-Louisiane, notre marche est de passer, de suite, aux établissemens de la Haute, en continuant de remonter le Mississipi, à qui ces divers établissemens sont liés.

CHAPITRE VI.

Etablissemens de la partie supérieure de la Colonie, ou Haute-Louisianne, sur les rives du Mississipi.

En remontant toujours le fleuve, après avoir laissé à sa rive droite et dépassé l'embouchure de la Rivière-Rouge, on rencontre successivement, à des distances considérables l'une de l'autre, et sur cette même rive droite du fleuve, les trois postes que tiennent les Espagnols dans la Haute-Louisiane, où sont compris tous les établissemens de cette partie supérieure de la Colonie, et dont suit la notice succinte.

Le premier est celui des Arcs ou Arcansas, situé à environ deux cens lieues de la Nouvelle-Orléans, en suivant le cours du fleuve, et un peu au dessus du trente-quatrième degré de latitude: poste presque tout-à-fait militaire, fréquenté par des chasseurs et traiteurs, et d'où descendent, au printems, quelques bateaux chargés de pelleteries, et d'huile d'ours dont la meilleure est employée, en cette colonie, aux besoins de la cuisine, comme le sain-doux, et est presque aussi bonne, et la plus commune sert aux lampes et à d'autres usages.

Le second est celui de la Nouvelle-Madrid ou

Anse-à-la-graisse, à trois cens lieues de la Nouvelle-Orléans, d'après le cours du fleuve, et à-peu-près au trente-septième degré de latitude : poste militaire, aux environs duquel résident quelques Colons peu aisés, dans un terrein propre à la culture du froment et du tabac, et qui même se prête, en quelques parties, à celle du coton.

Le troisième et dernier établissement de la Haute-Louisiane, est celui des Illinois, situé au trente-neuvième degré de latitude, et à environ cinq cens lieues de la Nouvelle-Orléans, suivant le cours du fleuve, seule voie de communication existante entre ces divers établissemens et le chef-lieu. Celui des Illinois ne fournit guère au commerce de la Colonie, ainsi que les deux autres, qu'un petit nombre de bâteaux chargés de pelleteries et d'huile d'ours. Cependant, les terres y sont fort convenables, à ce qu'on dit, à la culture du blé. Mais la passion de la chasse et de la traîte, qui, là, ainsi que dans presque toutes les autres parties de l'Amérique Septentrionale, a, de tout tems fait languir les établissemens français, et négliger le point essentiel, celui de la culture; cette passion de courir les bois, ainsi que l'incurie du gouvernement actuel, et la difficulté des relations commerciales, ont tenu jusqu'à-présent cet établissement des Illinois dans l'ombre de l'inertie et de la médiocrité : état pitoyable vraiment, quand on considère d'abord l'ancienneté de cet établissement, formé, depuis plus de cinquante ans, par une peuplade de Français Canadiens établis, en premier lieu, sur les bords de la rivière des Illinois, à la rive gauche du Mississipi, et qui, lors de la cession faite de ce territoire aux Anglais en 1763, traversa le fleuve, et se fixa sur le bord opposé; et quand on compare ensuite la langueur et le peu d'importance de ce même établissement à la situation florissante de la Colonie du Kentuckey et du territoire Nord-Ouest, formée, au moins trente ans plus tard, par une peuplade américaine, sur les bords de l'Ohio ou Belle-Rivière qui débouche aussi dans le Mississipi, d'où il s'est exporté, par la voie de ce fleuve, commune à tous ces établissemens intérieurs, en l'année qui vient d'expirer, 1801, plus de quarante mille barils de farine, une quantité considérable de salaisons et autres objets comestibles, tels que beurre et sain-doux, beaucoup de fer en barres et manœuvré, du bois de menuiserie, etc., et dont la population se monte, à-présent, à environ quatre cens mille individus presque tous blancs; tandis qne celle de la Colonie espagnole de la Haute et Basse-Louisiane et Floride occidentale, disséminée dans une étendue énorme de pays, et ne formant point un corps de peuple, ne se monte pas au-delà de soixante-dix mille blancs, mulâtres, et nègres, libres et esclaves, tous compris, et dont il n'est guères plus de la moitié de ce nombre qui soient blancs. Quelle différence de résultats! Et à quoi l'attribuer, si ce n'est à celle des principes qui dirigent les gouverne-

CARTE RÉDUITE DE LA HAUTE-LOUISIANE ET PAYS CIRCONVOISINS,

POUR ÊTRE ADAPTÉE À L'OUVRAGE INTITULÉ,

VUE DE LA COLONIE ESPAGNOLE DU MISSISSIPI, &c.

Gravé par Blondeau, sur les Dessins à lui fournis par l'Editeur de cet Ouvrage.

Pl. 2

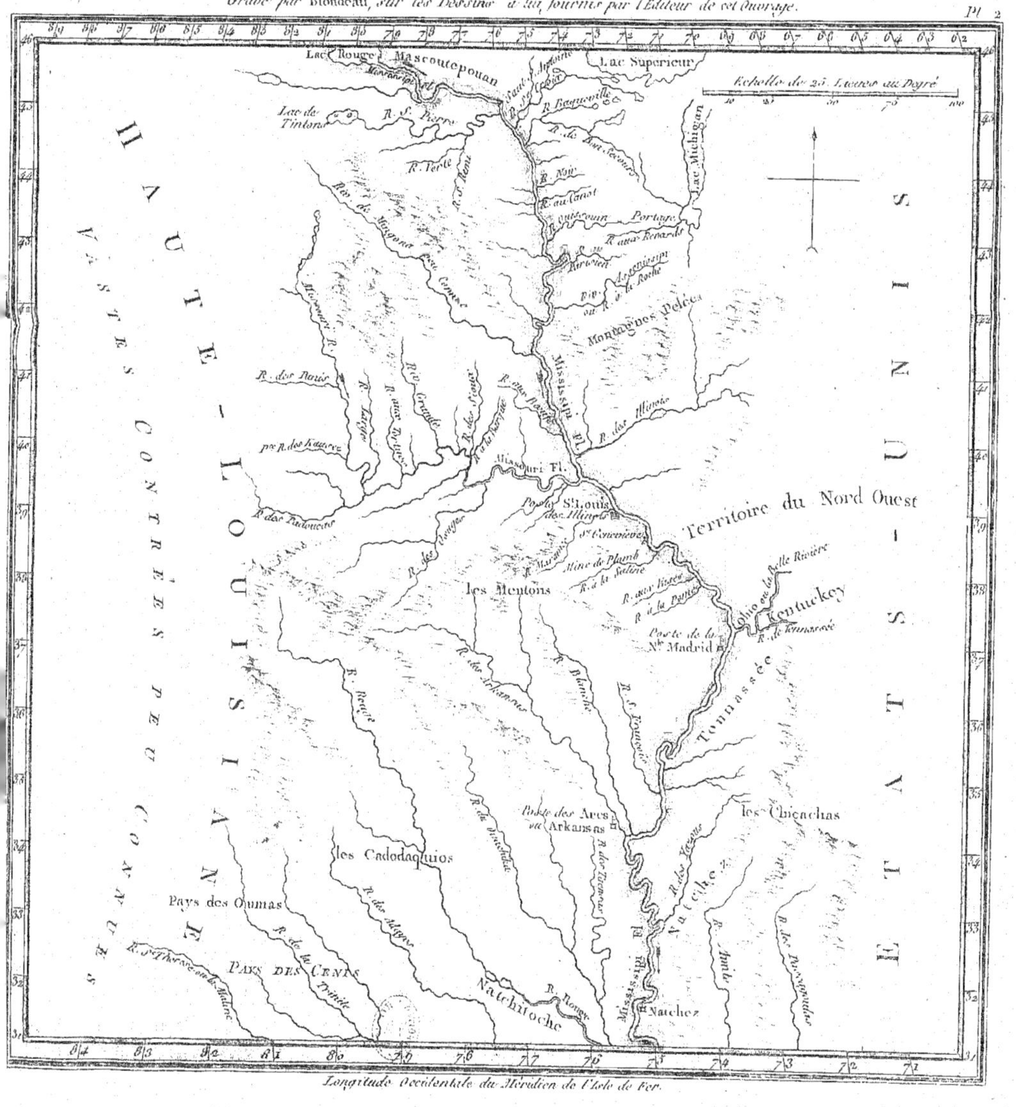

mens de ces deux Colonies, dont les uns excitent l'activité, et les autres l'éteignent, ainsi qu'à celle des goûts et des occupations de l'une et l'autre peuplade, la française adonnée à la chasse, et l'américaine à la culture ?

Parvenu à ce dernier établissement espagnol, il faut en descendre maintenant, et, du vol de la pensée, nous transporter de l'extrêmité Nord-Ouest de la Colonie à son extrémité Sud-Est, du poste des Illinois à celui des Apalaches, en quittant les rives du Mississipi, et visitant les bords du golfe du Mexique.

CHAPITRE VII.

Établissemens de la partie inférieure de la Colonie, sur les bords du Golfe du Mexique, et dans ses environs.

Le poste des Apalaches, que nous venons d'annoncer, est situé, à-peu-près au trentième degré de latitude Nord, et au soixante-huitième de longitude Ouest, près de la rivière de ce nom qui est la borne de la Colonie au Levant, et la sépare de la Floride Orientale. L'importance de ce poste est dans ses relations avec les naturels du pays, qui en habitent l'intérieur, plus industrieux et plus actifs que les restes encore existans de ces Indigènes; relations qui, au demeurant, se bornent à la vente de quelques pelleteries, dont la quantité pourrait être bien plus considérable, si cette branche de commerce n'y était point sous le coup du monopole, et accordée à un seul homme établi à Pensacole.

A environ cinquante lieues au couchant de ce poste, est celui de Pensacole, formant une espèce de bourgade, et aux environs duquel sont répandus quelques cultivateurs, dont les travaux ne fournissent point un produit assez notable pour qu'il en soit fait mention ici.

Quinze

Quinze à dix-huit lieues plus à l'Ouest, est la baye de la Mobile, où existe un petit établissement de mince valeur, et qui est plutôt un cantonnement de pêcheurs qu'autre chose.

De Pensacole à l'embouchure du fleuve, la côte est déserte, généralement aride, et n'offre que des plages sabloneuses où ne croissent que des pins, des cèdres rabougris, et d'autres moyens arbres et arbustes, épars çà et là. De ce même poste de Pensacole aux Apalaches, en remontant vers l'Est, la côte offre un aspect moins sauvage ; et, dans l'intérieur de la contrée, il existe beaucoup d'endroits qui offriraient des ressources à la culture. Cette dernière côte présentait même un coup-d'œil assez animé, sous la domination anglaise. Mais, depuis vingt ans qu'elle a retombé sous celle de l'Espagne, elle n'a fait que décheoir, au point que la plupart des plantations qui y subsistaient de ce tems-là, ont été totalement abandonnées, et que diverses maisons bâties à Pensacole et ailleurs, dans ce même tems, y tombent en ruines, faute d'habitans, et qu'enfin ces lieux ne doivent l'ombre d'existence qui leur reste qu'à l'entretien du peu de troupes cantonnées à Pensacole et aux Apalaches, et aux dépenses nécessaires qu'elles y font, et que le gouvernement paye. Ce ne sont d[illegible]s plus que des postes militaires, et peu de ch[illegible] delà.

Entre la Mobile et l'embouchure du Mississipi, après avoir dépassé la côte de l'affreux Biloxi, canton tristement fameux, par la perte considérable d'hommes qu'on y a faite aux premières années de la fondation de la Colonie, après la paix d'Utrecht, et qui y ont péri victimes de l'insalubrité de l'air, de la misère, et du chagrin, on rencontre l'embouchure du lac de Pontchartrain, long de seize à dix-sept lieues sur cinq à six de large, qui pénètre jusqu'à environ deux lieues de la Nouvelle-Orléans, et qui y communique actuellement, au moyen d'un canal ouvert, depuis quelques années, ainsi que nous en avons déjà fait mention, capable, au tems qu'il fut achevé, de recevoir et d'amener jusqu'auprès de la ville, dans ses derrières, des goëlettes ou espèces de petits bâtimens du port de soixante tonneaux et au-delà, par la voie d'un bayou qui se dégorge dans le lac, et auquel ce canal est joint. Mais il s'obstrue maintenant, faute d'être entretenu, et n'admet plus que de moyennes barques.

Vers l'embouchure du fleuve, en deçà, et sur sa rive droite, on a profité d'une langue de terre un peu plus exhaussée que le sol fangeux qui l'entoure, pour y former le poste, de reconnaissance et de visite, appellé la Balise, le long d'un bayou qui y aboutit. Cet Etablissement est bien peu de chose : et c'est-là que résident les pilotes [illegible]és pour l'entrée et la sortie des navires, e[illegible] poignée de soldats aux ordres d'un Lieutenant, qui les reçoit lui-même de l'Officier qui commande en chef le poste militaire de Plaquemine, situé sur la rive gauche, à dix lieues au-dessus ; poste destiné, sans doute, à repousser les bâtimens ennemis venant de la mer, et qui pourraient surmonter les obstacles inhérens aux passes du fleuve, à son embouchure. Six petites pièces de canon, branlant sur leurs affûts, et cinquante hommes de garnison, ayant l'air d'autant de déterrés, voilà, en raccourci, les forces de ce boulevart du Bas-Mississipi.

Pour achever l'esquisse topographique de cette Colonie, je dirai qu'outre les établissemens que je viens de mentionner, il en existe encore quelques-uns de faible importance, répandus de part et d'autre, tels que ceux formés au-delà du lac Pontchartrain et sur ses bords, qui fournissent au chef-lieu du brai et de la chaux ; ceux du canton de la Terre-aux-Bœufs, à quatre lieues au-dessous de la ville, du même bord, et le long d'un bayou, habité, depuis quelques années, par des Espagnols transportés des Iles Canaries et d'ailleurs, et que le gouvernement y a établis, dont les productions consistent en légumes, vivres, volailles, etc., qui servent à pourvoir le marché du chef-lieu ; ceux situés de l'autre bord du Mississipi, en-deçà et au-delà du lac des Ouachas ou Barataria, beaucoup moins considérable que celui de Pontchartrain, (et qui est à environ deux lieues de distance du fleuve) où l'on élève des bêtes-à-cornes et des pourceaux ; de même que ceux qui se trouvent vers l'embouchure de ce même lac, sur les bords de la mer, où sont fixés quelques chasseurs et pêcheurs.

Voilà, en abrégé, le plan figuratif de cette Colonie qui, dans une étendue immense, ne présente que des points isolés, et d'un faible rapport, si l'on excepte les bords du fleuve, à prendre, ainsi que nous l'avons déjà exposé, de quinze lieues au-dessous de la ville, jusqu'à soixante lieues au-dessus, ainsi que le vaste canton des Atacapas et Opéloussas, à qui je pense qu'il ne manque absolument qu'un entrepôt dans son sein, et un débouché direct à la mer, dont la possibilité existe, pour devenir, par la suite, une portion de la Colonie aussi intéressante peut-être que celle des bords du Mississipi.

CHAPITRE VIII.

Nature et qualités du sol, sur les bords du Missis-sipi, et dans les autres Établissemens de la Colonie.

VENONS maintenant à l'examen du sol. Celui des rives du fleuve et de toutes ses branches, est une terre grisâtre, composée de parties limoneuses et sabloneuses, que le contact de l'eau rembrunit à vue-d'œil, qui s'humecte et se desséche aisément, et qui semble avoir été formée par les alluvions successives du fleuve, créateur, en quelque sorte, de la Basse-Louisiane. On ne trouve, à sa superficie, ainsi que dans son intérieur, aucune espèce de pierres ou de cailloux. Pour peu qu'on entame sa surface, on rencontre l'eau; dont cette terre, nouvellement créée, est ceinte, pénétrée, et comme imbibée de toutes parts; plus bas, des arbres entiers qui y sont enterrés, et que le fleuve y a, sans doute, entraînés et déposés à diverses reprises, lors de la formation de cette terre. Elle se manipule et se façonne aisément en briques, avantage précieux pour les Colons. Elle est généralement fertile, au moyen du labour, et des fossés d'écoulement propres à l'égoûter et à la dégager de ses parties aqueuses et froides. Il paraît aussi que tous les végétaux qui demandent une terre fraîche et humide, tels que les plantes de jardinage, le riz, la canne-à-sucre, se plaisent dans ce sol ainsi composé, et y prospèrent.

Les plantes, au contraire, à qui ce terroir bas et aquatique ne convient pas, comme, entr'autres, la patate douce, le coton, et divers arbres fruitiers, n'y réussissent que partiellement, et n'y donnent point un produit considérable et assuré. La patate, particulièrement, ce vivre dont l'abondance suffit aux ateliers les plus nombreux de quelques-unes des Antilles, et notamment de Saint-Domingue, qui s'y varie en dix espèces différentes et toutes bonnes et saines, cette racine si nutritive, cette manne de la terre en ces autres contrées, ne donne ici aucun produit, lorsqu'on la cultive en grandes pièces et en plein champ comme ailleurs, à cause de l'humidité du terrein. Bornée à une seule espèce d'une qualité médiocre, elle n'y peut être plantée, avec quelque fruit, que sur des butes d'une terre fortement sillonée et préparée à cet usage, embarras et difficultés qui en restreignent la culture à de très-petites plantations, insuffisantes, à tous égards, pour la nourriture des ateliers, d'autant plus que ces plantations ne peuvent se faire qu'une fois l'an.

Le sol des Atacapas et d'une partie des Opéloussas, réunit, aux bonnes qualités de celui des bords du fleuve, des avantages qui lui sont particuliers. Il est bien moins humide, et généralement plus propre à toute espèce de plantes, à la réserve du riz. Il se prête, avec un égal succès, aux cultures de l'Europe ainsi qu'à celles de l'Amérique. Le blé de toute sorte, la vigne, l'olivier, le mûrier, le lin, le chanvre, la guède, et la garance, y prospèrent, aussi bien que la canne-à-sucre, le coton, l'indigo, le nopal, et le tabac. Ce n'est pas à dire que ces diverses productions y soient pareillement en rapport. Mais il suffit que les essais de culture et d'entretien qu'on y a faits de celles de ces productions qui n'y sont point encore répandues, ayent tous offert un résultat favorable, pour qu'on soit autorisé à induire, de-là, que le sol de cette contrée y est également propre aux unes et aux autres.

Quant à celui des terreins situés hors des confins de la Basse-Louisiane, il paraît être, en divers endroits, sabloneux, graveleux; en beaucoup d'autres, maigre, sec, reposant, à peu de profondeur, sur un lit de tuf, et généralement peu fertile, à l'exception des gorges qui se trouvent entre les monticules dont ces terreins sont parsemés et comme ondés, ainsi que des bords des rivières et du fleuve, seuls endroits, d'ailleurs, qui y soient garnis de bois, indice ordinaire de fécondité.

CHAPITRE IX.

Climat et température du pays dans la partie inférieure de la Colonie.

De la description du sol, passons à l'examen du climat et de la température du pays, à commencer par la Basse-Louisiane et Floride occidentale, qui constituent la partie essentielle de la Colonie.

Ce pays, situé du trente au trente-unième parallèle, a cela de commun avec tout le reste du continent américain et de ses dépendances, que sa température est beaucoup moins chaude et plus humide que celle de la portion de l'ancien monde, dont le nouveau est séparé par la mer Atlantique, et composée de l'Europe et de l'Afrique. Cette différence de température, relativement à la chaleur, est d'environ douze degrés, en sorte qu'une région située en Amérique, ainsi que celle dont il s'agit, de trente au trente-unième degrés de latitude, au lieu de pouvoir être assimilée, sur ce point, à une région située, sous le même parallèle, en Afrique, telle que le royaume de Maroc, répond, au contraire, à celle qui se trouve en Europe, du quarantième au quarante-deuxième degrés, comme la Castille et la Catalo-

gne

gne en Espagne, et quelques parties du Roussillon et de la Provence, en France. Je ne fais ici mention que du rapport de la chaleur d'une contrée à l'autre. Quant à l'humidité inhérente au sol et à l'air, je ne vois point de règle de comparaison à établir, à cet égard, entre ce pays-ci, particulièrement, et tout autre de l'ancien monde.

Cette humidité qui semble endémique et plus considérable ici que partout ailleurs, est, en certains tems de l'année, au point qu'alors tout s'y gâte et s'y moisit promptement; et l'on a même observé que la face intérieure des mûrs de diverses maisons nouvellement bâties, en briques cuites, à la Nouvelle-Orléans, est, pendant ce tems, si fortement imprégnée de cette moîteur, que l'eau même en suinte. Au reste, cela ne doit point étonner, quand, aux causes premières de cette humidité commune à tout le continent de l'Amérique, on vient à joindre les causes secondes, (particulières à cette contrée), qui en augmentent sensiblement ici la masse et les effets, en considérant que ce pays semble avoir eté formé par l'eau, et que son intérieur et sa surface offrent, presque par-tout, l'existence de cet élément. Aussi, me disait un bon et honnête Créole du pays : « Quand l'eau baissera à la Louisiane, elle manquera partout ailleurs ».

Ce pays, en outre, ne jouit point d'une diversité, agréable et utile, de tems sec et pluvieux; et il est, à cet égard, d'une monotonie ennuyeuse, autant que préjudiciable à la disposition physique des corps, en raison, sur-tout, de l'excès et de la continuité des pluies, inconvénient beaucoup plus nuisible, en cette région humideet marécageuse, que la température opposée.

Les saisons, en outre, quoiqu'ayant ici leurs caractères propres, sont assez mélangées. Le printems, qui paraît, dès le commencement du mois de mars, avec la verdure et les fleurs, s'annonce par une douce température, que déparent un peu, néanmoins, des pluies fréquentes, quoique modérées, et des vents de sud assez forts, auxquels succède un tems pur, calme, beau, un vrai printems, qui prend dès les premiers jours d'avril et dure jusque vers la mi-juin, à l'approche de l'été, caractérisé par un degré de chaleur plus considérable, quelques orages, et beaucoup de pluies. Le commencement de l'automne est beau, et la température en est agréable jusqu'à la mi-novembre, où la saison s'embrouille et devient tantôt froide, tantôt pluvieuse, et où quelques petites gelées blanches, qui paraissent de fois à autre, annonçent les approches de l'hiver. Dans cette dernière saison, deux vents dominent tour-à-tour et se succèdent rapidement, le Sud ou Sud-Est, produisant un tems pluvieux et ordinairement mou, et le Nord ou Nord-Ouest, qui le remplace, amenant un tems froid, et presque toujours sec, pur et serein. Ces deux airs de vent partagent cette portion de l'année, et lui communiquent leurs qualités opposées : ensorte que, pendant la saison froide, qui commence vers la mi-novembre et se termine vers la mi-mars, on grelotte et on se chauffe aujourd'hui, et demain le feu est éteint dans les cheminées, et les appartemens sont ouverts, selon le vent qui domine alors. Cette diversité de température, ce changement brusque dans l'atmosphère (autre particularité qu'on observe généralement dans l'Amérique), n'occasionne pas ici, pourtant, d'aussi fâcheux effets qu'on serait d'abord disposé à le présumer. En général, depuis la fin de novembre jusqu'au commencement d'avril, les pluies sont assez fréquentes en cette contrée, ainsi que les brouillards qui s'élèvent ordinairement le matin, tantôt du rideau de bois qui ceint l'horison de toutes parts, et tantôt de dessus le fleuve qui forme le centre de ce même horison, et se dissipent au haut de jour.

On jouit donc, en ce pays, d'une température agréable et douce, durant une partie du printems et de l'automne. La chaleur de l'été est très-supportable, à la réserve de quelques journées d'un tems calme et pesant; et le froid de l'hiver y est modéré. D'aprés un assez bon thermomêtre de Réaumur, tenu à l'ombre et dans une chambre exposée à l'action de l'air extérieur, la chaleur commune et moyenne de trois étés que j'ai passé en ce pays, a été de vingt-quatre à vingt-six degrés, quelquefois au-dessus comme au-dessous, et la plus forte chaleur a été de vingt-huit degrés un tiers. A ce même thermomêtre, ainsi exposé, durant le premier hiver que j'ai passé ici et qui a été un des plus vifs et des plus soutenus qu'on y eût éprouvés depuis long-tems, celui de 1799 à 1800, le froid ordinaire et commun a été depuis le degré de congélation, au jour ouvrant, jusqu'à sept et huit degrés au-dessus, à deux heures de l'après-midi, et le froid le plus considérable n'a fait descendre la liqueur qu'à environ deux degrés au-dessous de glace.

L'hiver suivant a été beaucoup plus doux et moins soutenu : et celui dans lequel nous sommes, est encore plus modéré que le précédent, n'ayant produit, jusqu'au commencement de février, que quatre ou cinq petites gelées blanches. Le thermomêtre n'a encore descendu que deux fois, et momentanément, au degré de congélation, et s'est soutenu presque toujours, depuis dix jusqu'à vingt degrés au-dessus de glace, température qui appartient plutôt au printems qu'à l'hiver.

Pendant le premier hiver dont j'ai parlé, où le froid fut plus rude et plus long, j'ai vu de la glace de huit à neuf lignes d'épaisseur, ce qu'on ne voit pas souvent ici ; et ce qui vraiment y est encore plus rare, et qui semble être un phénomène en ce pays, c'est la neige qu'on y a vu tomber à flocons, durant toute la matinée du 2 février 1800, spectacle nouveau pour bien des Créoles du pays, qui, parvenus à l'âge de vingt ans, ne se rappelaient pas, du moins, l'avoir encore jamais vu. Mais, ce qui m'intéressait d'une façon particulière en ce moment, et qui occupait, tout-à-la-fois mon imagination et mes regards (comme il y avait quelques sucreries dont les roulaisons n'étaient point encore achevées à cette époque), c'était l'aspect que présentaient alors le faîte de ces manufactures et jusqu'au contour extérieur des soupiraux de leurs cheminées, qui se trouvaient enveloppés d'une couche de neige, tandis que les tourbillons épais de fumée et de vapeur qui s'élevaient de ces établissemens, se confondaient, dans l'air, avec celle qui tombait encore, tableau vraiment unique et parlant à l'esprit comme à la vue, en ce qu'il offrait le spectacle étonnant des procédés d'une culture appropriée, ci-devant, au climat et au sol de la Zone-Torride, et à-présent naturalisée au milieu des frimats et des neiges, par les soins et l'industrieuse activité de l'homme. Ce coup-d'œil d'un genre particulier, et les réflexions qu'il m'offrit, étaient bien de nature à me faire oublier la rigueur de la saison.

On cite encore, en ce pays, comme un événement des plus rares et qui n'y a même eu lieu qu'une fois, de mémoire d'homme, les tas de glaçons qui, détachés de leurs masses, et descendant d'une haute latitude, de cinq à six cens lieues, au moins, en suivant le cours du fleuve, parurent au mois de février 1784, dans la Basse-Louisiane, en si grande quantité et formant sur le fleuve, une chaîne si étendue, que, durant trois ou quatre jours, il fut impossible de le franchir et de traverser d'un bord à l'autre, ces énormes glaçons étant adhérens les uns aux autres, et se heurtant, par fois, avec un fracas étourdissant. Le fleuve les porta à la mer; et des bâtimens, naviguant à une grande distance de la côte, en rencontrèrent des blocs considérables. Ensorte que le golfe du Mexique offrit alors l'aspect des mers avoisinans les pôles, et qu'il aurait même été possible qu'un coup violent de Nord-Ouest (ainsi qu'on en éprouve assez souvent dans cette saison), eût entraîné une partie de ces mêmes glaces jusques vers les côtes de Cuba, et par conséquent au-delà du Tropique.

Reprenant le fil de notre sujet, j'ajouterai à ce que j'ai déjà dit relativement à la température de ce pays, que le mois où la chaleur est la plus sensible et la plus accablante, est le mois de juillet, en ce qu'alors les vents ne soufflent d'aucun point de l'horison, et que ce calme profond de l'air ajoute un nouveau poids à l'ardeur de l'atmosphère qui, en outre, n'est point alors tempéré, comme au mois suivant, par des pluies fréquentes; et que le tems où le froid occasionne une impression plus vive, est le mois de décembre, à cause des vents de Nord et de Nord-Ouest, qui portent avec eux un air glacial, et qui, soufflant (ce dernier sur-tout) avec une vivacité continue, amène les gelées blanches, et produit de petites congélations d'un demi-pouce d'épaisseur, au plus, qui se forment, durant la nuit, et se dissipent aux premiers rayons du soleil.

Ce même vent, chassant devant lui les nuages amoncelés, nétoie, épure le ciel, dont il est aussi nommé *le balai*; et, quoique très-âpre et très-froid, il apporte et répand des principes de salubrité, de vie, et même de gaîté. Il fortifie et allège le corps, et dissipe les impressions de tristeste et d'ennui que font naître, en cette saison, le voile nébuleux et le souffle pluvieux des vents de Sud et d'Est. J'ai souvent admiré la netteté et la pureté du firmament, embelli d'un soleil radieux, et l'éclat particulier qu'il reçoit pareillement, durant la nuit, de mille et mille astres étincelans dont il est parsemé, alors que ce vent souffle et lorsqu'il commence à tomber.

Mais, comme il n'est rien dans le monde qui n'ait et ses avantages et ses inconvéniens, ce même vent de Nord-Ouest qui, dans l'arrière saison, est si utile, en hâtant et perfectionnant la maturité des plantes et des fruits, en arrêtant et comprimant une végétation tardive et surabondante, pour la rendre plus active et plus vigoureuse après l'hiver, en détruisant une partie des insectes nuisibles à la culture, en dissipant, enfin, les particules infectes et corrompues de l'atmosphère dont il purifie la masse, est, aux approches et dans les premiers jours du printems, très-désavantageux, au contraire quand il vient à souffler avec quelque violence, en ce qu'il gêle et tue les germes naissans et même développés de tous les végétaux; qu'il refroidit, dessèche et endurcit la terre, dont il suspend et arrière la végétation si essentielle en ce tems; qu'il dérange, en outre, la santé, par des rhumes et des fluxions de poitrine, que produit un froid subit qui arrête la transpiration et trouble la sécrétion.

CHAPITRE

CHAPITRE X.

Influence du climat et de la constitution naturelle du Pays, sur le corps humain.

NOUS voici rendus à l'examen de l'influence qu'exercent et l'air et le sol de cette contrée, sur l'homme, en particulier, des maladies qu'il y éprouve, et de leurs causes.

Ce pays, par sa situation et par les élémens dont il est composé, semblerait devoir être très mal-sain; ce qui n'est pas, néanmoins, à beaucoup près, autant qu'on serait porté à le croire, suivant les apparences; et ce qu'il faut attribuer, sans doute, à des causes particulières qui combattent les principes vicieux du local, et en rendent les résultats beaucoup moins funestes. Avant que d'aller plus loin, cherchons à découvrir, au moins, une partie de ces causes, non dans les soins et les travaux de l'homme, qui sont encore, à cet égard, presque insensibles en cette contrée, mais bien dans la nature et la disposition même du pays.

Quelques-unes de ces causes ne seraient-elles pas, en premier lieu, l'hiver, qui, arrêtant et suspendant l'action de ces principes vicieux que nous avons annoncés, et qui consistent principalement dans l'effervescence et la corruption que doivent produire ici le mélange et la combinaison de la chaleur et de l'humidité, sur un terrein plat et couvert d'eaux stagnantes et de matières putrifiées, en atténue, au moins, l'effet, s'il ne l'anéantit pas? En second lieu, les vents, dont cette plaine basse et unie est presque sans cesse, et en tout sens, balayée, et qui, nécessairement, affaiblissent l'effet de cette même combinaison? En troisième lieu, les bois, qui couvrent et environnent une grande partie des plages marécageuses dont ce pays est entrecoupé, et qui, dérobant ces eaux dormantes et vaseuses à l'action du soleil, et à celle de la chaleur, s'opposent, en conséquence, à leur corruption, et empêchent qu'il ne s'en élève aucune vapeur dangereuse, aucun miasme funeste? Une quatrième cause encore pourrait dépendre de la position et de la qualité même du sol, qui, dans les lieux découverts, et où la surabondance de l'humidité ne le fatigue point, ainsi que dans les endroits ombragés, après s'être dégagé d'une partie des eaux pluviales ou autres qui s'écoulent, au moyen de la faible inclinaison du terrein, vers les bois et les bayoux, pompe et aspire, en peu de tems, comme une éponge, une autre partie de ces mêmes eaux, dont les rayons du soleil ont bientôt absorbé le peu qui reste.

Voilà, je pense, diverses causes qui concourent à la salubrité de l'air du pays, ou, tout au moins, viennent à l'encontre de celles qui s'opposent à cette même salubrité. Et pourvu que l'homme, sans donner même un plus grand développement à ces causes salutaires, se borne à ne les gêner en aucune manière, et à les laisser agir librement, je pencherai à croire, en observant les principes de maladie et de santé, ainsi réunis en cette contrée, qu'il doit résulter de cet ensemble un état mixte et, à bien des égards, plus favorable que désavantageux à l'espèce humaine. Au reste, c'èst ce dont je puis m'assurer, en jetant les yeux sur les campagnes de la Louisiane, où, généralement on ne voit pas régner de maladies sérieuses, où les mortalités sont assez rares, où l'on trouve un assez grand nombre de personnes âgées des deux sexes, où, communément, des hommes de soixante ans, sont encore frais et vigoureux (ces observations faites autant sur les Nègres que sur les Blancs) ; où, pour tout dire enfin, vous ne voyez ni médecins ni chirurgiens en exercice, et d'où il faut se transporter de vingt lieues, jusqu'en ville, pour en trouver, quand, par un malheur bien rare, il n'est pas possible de s'en passer. Ce rapport circonstancié est fondé sur la vérité, et s'appuie sur des faits que, raisonnablement, il n'est pas possible de démentir. Enfin, tout considéré, l'on ne peut point assurer positivement que l'intérieur de ce pays soit des plus salubres ; mais on ne peut pas dire ausssi qu'il soit, à proprement parler, un séjour mal-sain.

Plus malheureuse, à cet égard, que les campagnes qui l'avoisinent (il est bien vrai), la ville de la Nouvelle-Orléans est, depuis quelques années et durant les mois de juillet, août, septembre, et une partie d'octobre, affligée d'une espèce de fièvre maligne, du caractère le plus grave, dont les symptômes et les accidens se varient à un tel point, que les gens de l'art, du moins ceux qui exercent en cette ville la profession noble et délicate de médecins, et qui sont huit à dix chirurgiens, sans étude et sans lettres, à la réserve d'un petit nombre, y perdent la tramontane, et ne savent, au fond, quels remèdes efficaces opposer à ce fléau destructeur.

Cette maladie, connue sur les lieux, ainsi qu'au Nord de l'Amérique, sous le nom de *fièvre jaune*, rapide et terrible en ses progrès, quoique souvent peu effrayante par ses premières apparences, commence ordinairement par une rougeur vive qui enflamme le teint, un mal de tête assez fort, et une douleur vague en diverses parties du corps. La fièvre est continue. Du deuxième au troisième jour, le mal s'aggrave et se caractérise par une chaleur extrême, un défaut total de transpiration, un saignement de nez considérable ou un vomissement de sang, que suit d'ordinaire un autre vomissement de matières brunes, ayant l'apparence du goudron; à quoi succèdent un prompt affaissement dans toutes les facultés animales, une ictère profonde, quelques instans de délire, et la mort qui survient du cinquième au neuvième jour, inclusivement. Et ce qui semble particulier à cette dangereuse maladie, est le contraste frappant qui existe, et qu'on peut aisément remarquer, au commencement du mal, et à sa funeste issue, dans le teint du malade, qui, au premier période, est excessivement coloré, et, pour ainsi dire, enluminé, et qui devient ensuite, sans saignée, quelquefois même sans aucune évacuation considérable, et par un passage brusque et célère, d'un jaune livide, qui, après la mort du malade, se renforce et s'étend sur toutes les parties du corps, avec des taches noirâtres et pourprées, semblables à des meurtrissures imprimées en diversendroits. Delà, sans doute, lui est venu le nom de fièvre jaune, à défaut d'autre dénomination plus précise. Voici, en outre, une observation qui a été faite à diverses fois. Les matières brunes que vomit le malade, la veille et la surveille de sa mort, sont d'une qualité si âcre et si mordicante, que les petites parcelles de ces matières qui, dans le vomissement, tombent et s'attachent au bout de ses lèvres, si elles ne sont promptement essuyées, brûlent et corrodent la peau, comme un tison.

Il est donc trois particularités à observer dans cette maladie, et qui lui sont propres, ou, du moins, affectées ; savoir, dans son principe, la rougeur enflammée du malade, et dans sa crise, le vomissement de sang et de matières noirâtres, ainsi que l'ictère ou jaunisse générale qui se répand sur tout le corps. Cherchant à connaître la cause du mal, dans l'examen de ses principaux effets, on pourrait, je pense, l'attribuer à l'effervescence extrême, à la décomposition et à la corruption de la masse du sang, plutôt qu'à celle de la bile et des humeurs. Je puis me tromper, à ce sujet, comme tant d'autres : mais c'est là mon opinion.

Cette maladie, depuis six à sept ans, fait, durant presque tous les étés, beaucoup de ravages en ville, et presque point à la campagne, où elle n'est connue que par les communications établies d'un lieu à l'autre, et les suites de ces communications. Les gens de l'art prétendent, cependant, qu'elle n'est point épidémique. Je n'en dirai pas tant qu'eux, et me borne à penser qu'elle n'est pas contagieuse, et, à proprement parler, pestilentielle. Mais je suis porté à croire que le principe, alors qu'elle règne, en est dans l'air ; et que, si l'on ne court pas un risque imminent de prendre cette maladie, en visitant ou soignant même une personne qui en est atteinte, on court, plus ou moins, ce risque, en fréquentant les lieux où elle exerce ses ravages ; en sorte que ce n'est pas tant l'approche et le contact du malade, en particulier, que l'influence et l'action de l'air, imprégné des qualités morbifiques, sur l'habitude et la disposition du corps, en général, qui communiqueront le mal, ou qui le développeront.

A l'appui de ce que je viens d'avancer, je dirai qu'en bien des circonstances, on a observé que les personnes habituellement domiciliées en ville, et que leurs affaires obligent à y rester durant cette saison critique, sont bien moins disposées à être atteintes de la maladie, que celles qui s'y transportent, soit de la campagne, soit d'ailleurs, au même tems, et qu'un séjour passager y est, à cette époque, bien plus dangereux, à tous égards, qu'une résidence permanente; comme si le corps s'identifiait, pour ainsi dire, avec l'air dans lequel il existe alors, et que l'impression subite en fût bien plus funeste que l'influence continuelle. Quoiqu'il en soit, et que l'on puisse conjecturer, à ce sujet, c'est ce que l'expérience a confirmé bien souvent, tant sur les étrangers nouvellement arrivés, que sur les personnes même du pays, venant de la campagne en ville, et qui, n'y restant même que du matin au soir, ont emporté chez elles le germe, ou plutôt le venin de cette maladie fatale, dont elles ont eu le malheur d'être victimes en peu de jours. A la réserve de ces cas particuliers, les campagnes n'ont pas été, jusqu'à présent, infestées de ce fléau qui semble être circonscrit dans la ville et dans ses alentours, et qui, répandant une terreur profonde dans tous les esprits, interrompt et suspend, durant la violence du mal, toutes relations entre les commerçans et les habitans.

On a, de plus, observé que, parmi les habitans de cette ville, l'Américain qu'y attire le commerce, est le plus souvent victime de ce mal; que le Français l'est beaucoup moins, et que l'Espagnol n'en est atteint que bien rarement. A quoi attribuer cette différence d'impression sur ces trois individus, habitant le même lieu et respirant le même air, si ce n'est, en partie, à quelques causes physiques et morales qui tiennent à leur tempérament propre et à leur régime de vie, abstraction faite du pouvoir que nous avons ci-dessus attribué à l'influence de l'air vicié, agissant avec beaucoup plus de force sur des Etrangers nouvellement arrivés (ainsi que le sont la plupart des Américains en cette ville), que sur les gens de l'endroit qui y résident habituellement, influence qui peut contribuer, sans doute, à donner à la maladie, plus de prise et d'activité sur les premiers que sur les derniers? En considérant cet objet dans ses deux extrêmes, nous remarquerons d'abord que l'Espagnol, accoutumé à l'influence d'un climat chaud, et dont le sang a toutes les qualités relatives à cette température, en doit bien moins ressentir les inconvéniens que l'Américain, sorti d'un climat froid, et dont les

les veines sont remplies d'un sang plus copieux, plus épais, et bien plus disposé, de toute manière, à s'enflammer et à se corrompre par l'action de cette température chaude, et qui lui est étrangère. Nous observerons, en outre, que l'Espagnol vit, avec sobriété, d'alimens simples dont il ne relève le goût qu'avec de l'ail qu'il croit salutaire au corps, et auxquels il joint peu de boissons spiritueuses ; que l'Américain, au contraire, fait souvent un usage inconsidéré de mets succulens, très-épicés, et de liqueurs fortes. Ces causes peuvent servir, je pense, à expliquer pourquoi cette maladie, si funeste aux Américains, n'est même pas un objet d'inquiétude et de crainte pour les Espagnols, et ne laisse point que d'être à redouter pour des Français dont le tempéramment et le genre de vie, moins appropriés au climat, que la complexion et le régime des derniers, le sont cependant plus que ceux des premiers.

Mais à quoi attribuer l'existence d'une telle maladie en cette ville, intrinsèquement, et non dans les campagnes circonvoisines ? J'exposerai nûment, à cet égard, ce que m'ont fourni mes propres observations, jointes à celles de quelques personnes éclairées du lieu.

A cet effet, je vais d'abord énumérer quelques-unes des causes qui doivent contribuer certainement à corrompre l'air qu'on respire à la Nouvelle-Orléans, et qui peuvent bien, durant les chaleurs de l'été, le rendre susceptible de s'imprégner de miasmes impurs et funestes. En premier lieu, l'excessive saleté répandue en cette ville, sur le port, dans les rues, dans les emplacemens vuides, dans les cours même de bien des maisons, où se jettent indistinctement des tas d'immondices qui n'en sont enlevés que partiellement et à la longue. En second lieu, le défaut d'écoulement des eaux croupissantes et corrompues qui, mêlées à tant d'ordures, forment, dans le centre de la ville, au milieu des rues surbaissées et non pavées, et en bien d'autres endroits, de vastes bourbiers et des cloaques infects. Troisièmement, les hautes maisons en briques qui s'élèvent depuis quelques années, et qui, conservant et communiquant plus d'humidité que les autres, en un lieu qui déjà, par lui-même, est si humide, arrêtent, en outre, et interceptent, par leur masse et par leur élévation, le courant de l'air, dont la force, agissant, continuellement, plus ou moins et en sens divers, si elle n'était comprimée par cet obstacle, chasserait, ou, du moins, atténuerait les particules malignes qui circulent alors dans la basse atmosphère, et rendrait ce même air plus pur et plus sain, en le renouvelant. Quatrièmement enfin, les fossés ouverts et creusés autour de la ville, il y a quelques années, sous prétexte de la fortifier, et les abatis de bois qu'on a faits dans ses environs, d'où se sont exhalées, par la suite et durant les chaleurs, des vapeurs fétides qui n'existaient point avant l'ouverture de ces fossés et les abatis de ces bois.

A ces causes premières d'insalubrité, dont personne, après quelque examen, ne disconviendra, je pense, en ajouterons-nous une autre à laquelle bien des gens du pays, sages et instruits, attribuent une grande influence, et, pour bien dire, l'origine même de cette maladie dans ce pays? Comme, dans une matière aussi importante à la conservation de l'humanité, il n'est absolument rien à négliger, nous allons donc rapporter cette cause originelle, à ce qu'on dit ici, du mal que nous examinons, sans l'adopter ou la rejeter pleinement, tenant notre opinion suspendue, en attendant que l'expérience, jointe à de nouvelles observations, puisse dissiper toute incertitude, et mettre à même de prononcer un jugement sûr, à cet égard.

On prétend que cette maladie n'est connue à la Nouvelle-Orléans, que depuis six à sept ans, époque à dater de laquelle le commerce américain a pris une certaine extension en cette ville : et l'on infère delà, et de ce que cette même fièvre jaune était déjà répandue au Nord de l'Amérique avant cette époque (ainsi qu'il conste du ravage qu'elle fit à Philadelphie, et ailleurs, dans l'été de 1793), qu'elle en a été apportée ici par les Américains, qui en sont, il est vrai, les principales victimes.

Sans rien préjuger, sur ce dont il s'agit, je dirai

qu'il est effectivement de notoriété publique, et de fait certain, que cette fièvre mortelle est répandue depuis environ dix ans dans plusieurs grandes villes du Nord de l'Amérique, et notamment dans celles de Philadelphie et de New-York, où elle paraît avoir pris naissance, et où même elle a reçu le nom qu'elle porte ; et que, depuis cette fatale époque, et presque tous les ans, elle y fait des ravages considérables durant les mêmes mois de juillet, août, septembre, et une partie d'octobre, au point de rendre ces villes isolées et presque désertes pendant la violence de cette maladie, en faisant refluer dans les campagnes une grande partie des habitans épouvantés de la rigueur de ce fléau, et tenant éloignés d'elles ceux que le commerce, ou d'autres affaires y appellent en tout autre tems ; et ce qui est vraiment particulier, et bien digne d'observation, c'est qu'en ces villes mêmes (ainsi qu'ailleurs), ce mal exerce sa furie sur les Américains, beaucoup plus que sur les Étrangers qui y sont pourtant en grand nombre.

Or, comme il est avéré que certaines maladies ou infirmités ont, de tout tems, été spécialement affectées à certains pays et aux individus qui les habitaient, comme les dartres, les écrouelles, la lèpre, le scorbut, la petite vérole, le mal vénérien, et finalement la peste même ; serait-on fondé à dire, par induction de cette remarque, et de ce qui la précède, que la fièvre jaune est pareillement une maladie endémique aux États-Unis ? Je ne le crois pas ;

premièrement, en ce qu'il y a douze à quinze ans qu'elle n'y était point encore connue ; secondement, en ce que, hors de l'enceinte et des environs de quelques villes commerçantes, on y est à l'abri de ce terrible fléau, qui est même encore totalement inconnu dans une vaste partie des États-Unis.

Il est donc vraisemblable que la fièvre jaune n'est point propre et particulière à cette région, et que, si elle n'y a pas été portée par quelque relation extérieure, elle n'a pu du moins y prendre naissance et ne peut s'y propager que par des causes accidentelles, et qui n'existent que dans les lieux où règne le mal ; lesquelles causes, étrangères au climat et au sol, venant enfin à être découvertes et connues, peuvent être alors aisément extirpées et détruites ; et ces causes étant une fois anéanties, le mal qui en provient le serait pareillement.

Quelles sont enfin, me dira-t-on, ces causes accidentelles dont vous parlez ? Je ne les connais point précisément ; mais j'en puis soupçonner quelques-unes, telles, entr'autres, que la foule des cimetières dans l'enceinte des villes américaines, s'y étendant de jour en jour, et dont les funestes effets ne peuvent que devenir plus sensibles d'année en année, le passage brusque, et presque subit, d'un hiver très-long et très-âpre, à un été court et brûlant, et les conséquences fâcheuses qui en doivent résulter, de toute manière, dans des villes populeuses, où ce contraste, en se liant au reste, peut être plus nuisible qu'ailleurs ; l'eau des puits ou pompes que les habitans de ces villes emploient, soit pour leur boisson, soit dans leurs alimens, au lieu d'eau de fontaine qu'ils pourraient se procurer (cette eau de puits, dans leurs villes sur-tout, n'étant rien moins que saine) ; la quantité de ces bassins ou canaux, nommés *Warhfs*, dont leurs ports sont entrecoupés et masqués, espèces d'égoûts et vrais cloaques où s'accumulent et croupissent toutes sortes d'immondices, et dont il s'élève des exhalaisons infectes dans le tems des chaleurs ; l'habitude qu'ont les Américains d'être vêtus en draps durant les plus grandes ardeurs de l'été, au lieu de s'habiller avec des étoffes de coton, soie, ou toile, ainsi que la saison et les circonstances le demandent alors ; le peu d'usage qu'ils font, en ce tems, des bains et autres préservatifs salutaires contre les maladies ardentes et dont le germe est à la veille de se développer en eux ; et finalement leur régime de vie, composé presque toujours de viandes salées et épicées, et de liqueurs spiritueuses, le tout pris avec peu de modération, etc., etc.

Mais je m'apperçois qu'un tel examen m'écarte de l'objet que je traite ; et j'y reviens, en vous priant de me pardonner cette digression où j'ai été entraîné par la nature du sujet (la conservation de l'espèce humaine) et par l'intérêt que l'on ne peut s'empêcher de prendre à un objet aussi important.

Je disais donc, et je le répète, que le climat de la Basse - Louisiane est beaucoup plus sain qu'il ne paraîtrait devoir l'être, à la première inspection du pays; quoique la Nouvelle-Orléans, son chef-lieu, soit particulièrement atteinte, durant trois mois de l'année, de cette maladie affreuse dont nous venons de nous occuper, et dont il est à présumer que les Français et les Créoles de l'endroit réussiront à se préserver, à l'exemple des Espagnols, par de sages précautions et un régime analogue à la saison.

De la fin d'octobre au commencement de juillet, les maladies sont peu communes, et les mortalités rares, à la ville ainsi que dans les campagnes. Les dérangemens de santé qu'on y éprouve alors le plus fréquemment, et qui, par fois, y occasionnent ou des accidens fâcheux ou des incommodités graves et dangereuses, sont, des dissenteries, des fièvres bilieuses, des maux d'yeux, des catarres et fluxions de poitrine, la pulmonie, les crises de nerfs ou affections spasmodiques et vaporeuses, l'épilepsie ou mal caduc, la paralysie, les suites de couches, qui semblent être plus funestes ici qu'ailleurs, et les attaques de vers auxquelles les enfans sont très-sujets, et qui en font périr plusieurs. J'observerai, en outre, qu'on y est exposé à perdre ses dents de bonne heure (particulièrement les Créoles du pays), tant par l'effet de l'humidité répandue dans l'air et dans le sol, que par celui de la qualité de l'eau. Et je pense qu'au fonds, cette humidité de l'air et du sol, endémique au pays, ainsi que les variations de l'atmosphère, passant rapidement du chaud au froid et du froid, au chaud, sont les causes principales des indispositions et des maladies qu'on y éprouve d'ordinaire.

Du reste, on n'y connaît pas de maladies épidémiques. La petite vérole, qui s'y montre rarement, n'y fait point de grands ravages, au moyen de l'inoculation dont les effets y sont généralement salutaires, et à laquelle, néanmoins, s'opposent, autant qu'ils le peuvent, et le Gouvernement et le Clergé, guidés, à leur sens, par un esprit de religion, ou plutôt, égarés par des motifs superstitieux. Depuis quatorze ans, cette maladie n'avait point paru ici. Elle vient d'y être introduite des pays américains situés au-dessus de la Colonie, avec les symptômes les plus favorables. Et de suite, il s'est formé, comme on l'avait déjà vu dans la précédente épidémie, un conflit d'opinion et une opposition de conduite, entre le Public, d'une part, et le Gouvernement et l'Eglise, de l'autre, au sujet de l'inoculation, que le premier réclame, comme un préservatif des maux affreux qu'amène cette maladie en son cours naturel, et que proscrivent les derniers, comme une opération contraire aux vues

de

de la Providence, et tendante à communiquer un mal certain pour en éviter un douteux, et de plus à le propager. Là-dessus, assemblée et procès-verbaux des Officiers de santé ; convocation et longue tenue de l'illustre Cabilde ou Conseil municipal ; opposition formelle du Clergé à ce qu'on passe outre à l'inoculation ; défense faite par le gouverneur, à l'appui de cette opposition, d'inoculer aucun individu ; grande rumeur à la Nouvelle-Orléans et dans les campagnes : voilà où en sont les choses au moment présent, à la mi-février. Au surplus, la maladie est encore très-circonscrite. Mais, d'après la fermentation qui règne, à ce sujet, dans le public, et la persuasion où l'on est que l'inoculation produit les plus heureux effets en ce pays, comme ailleurs, il y a toute apparence (si la maladie s'étend un peu, et que le Gouvernement ne lève pas la prohibition par lui faite, au nom de l'Eglise, en ce qui concerne l'inoculation) que l'on passera outre, ainsi qu'on l'a déjà fait anciennement, et que l'on inoculera, bon gré, mal gré, la jeunesse créole et les noirs qui n'auront pas encore eu la petite vérole, à la barbe du gouverneur, de l'évêque, et du clergé capucin, sauf à ceux-ci d'excommunier, en ce cas, si bon leur semble, et l'inoculation, et les inoculateurs, et les inoculés.

Relativement à ce qui concerne la température de la Haute-Louisiane, il paraîtrait qu'elle devrait être plus salubre que celle de la Basse, en raison de la position des lieux. Mais cela n'est pourtant pas, à la réserve du canton des Illinois, dernier Établissement de cette première partie, au trente-neuvième parallèle, où l'air est, en général, vif et sain, et dont les habitans, ont, en conséquence, les fibres moins relâchés et le teint plus coloré que ceux de Basse-Louisiane.

CHAPITRE XI.

Productions du Pays, dans les trois règnes de la nature. Celles du règne animal.

Nous allons maintenant examiner et détailler les productions diverses de ce pays, en commençant par celles qui composent les êtres animés.

L'Homme, dans ce tableau, devrait paraître et figurer le premier : mais, par une distinction faite en sa faveur, il n'en sera pas question ici, notre dessein étant de vous le présenter dans un cadre particulier, et spécialement destiné pour lui. Ainsi donc, le laissant, quant à présent, de côté, pour le retrouver dans un autre moment, nous allons passer aux êtres qui l'approchent de plus près, et dont il retire le plus d'avantage, aux animaux qu'il a spécialement soumis à son empire.

Presque tous les animaux domestiques, quadrupèdes et volatiles, d'espèce étrangère se trouvent ici en assez grand nombre, et y réussissent passablement bien, à l'exception de l'âne, de la chèvre et de la pintade, qu'on n'y voit presque pas.

Le bœuf y est employé aux travaux de la culture, ainsi qu'en Europe. Sa chair, quoique rarement grasse, est néanmoins assez bonne dans l'arrière-saison ; mais elle n'est presque pas mangeable au mois de mars, avril et mai, tant elle est maigre et peu succulente alors.

Le mouton n'est pas bien délicat, sur-tout en ville, où communément on le mange moins bon qu'à la campagne.

La volaille est maigre et peu ragoûtante en été, mais grasse et savoureuse en hiver.

Les chevaux du pays ne sont ni beaux, ni bons. Elevés dans des pâturages humides et qui ont peu de corps, les mauvaises qualités de leur nourriture et du sol où ils se tiennent habituellement, ne leur permettent pas d'avoir beaucoup de vigueur, et font, en outre, qu'ils pêchent par le bas de la jambe et le pied, qu'ils n'ont point solides, et par le ventre, qu'ils ont large et renflé, défauts accompagnés d'une tête épaisse et d'une basse encolure. En un mot, le pays ne produit pas des chevaux fins et de parade, mais seulement quelques bidets de trot et galop, et des chevaux de trait d'assez mince apparence et de médiocre valeur.

Les quadrupèdes sauvages sont : le tigre Américain ou Congar, l'ours (peu communs l'un et l'autre, et qui viennent de l'intérieur du continent), le pichou, espèce de grand renard, le chaoui, autre espèce plus petite, le chat et le rat des Bois, ainsi nommés, et qui ne sont pourtant ni chat ni rat, l'écureuil, le chevreuil, le lapin, et quelques autres animaux moins répandus.

Parmi les oiseaux, pareillement indépendans de l'homme, sont des perdrix et quelques petits oiseaux de chasse, peu nombreux, d'autres d'un joli plumage, tels que les cardinaux et les papes, un seul oiseau chanteur, nommé improprement le Mocqueur par les gens du pays, en ce qu'ils prétendent qu'à l'instar du Mocqueur de la Virginie, il a le talent, qu'on attribue à ce dernier, d'imiter exactement, soit les diverses intonations des êtres animés, soit les sons variés des instrumens. On lui donne aussi le nom de rossignol, quoiqu'il n'ait, cependant, que de faibles rapports avec celui d'Europe, et pour la figure et pour le chant. En compensation de cette rareté d'oiseaux à ramage, ils en existe ici une multitude de criards, tels que des étournaux et des corneilles, dont on voit des nuées, qui ravageant les champs de grains ensemencés ou prêts à être récoltés, et qui, du matin au soir, importunent et fatiguent l'oreille, les uns, de leurs sifflemens aigus, et les autres, de leurs rauques et tristes croassemens.

Un oiseau qui est encore assez commun en

ce pays, et que l'on trouve en petites bandes silencieuses auprès des habitations, le long des chemins, ainsi que dans les clos, de la grosseur d'un dinde moyen, d'un plumage noirâtre ou gris-foncé, d'un vol pesant quand il part de terre et qui s'affermit en s'élevant, d'un aspect ignoble, ne vivant que d'insectes, de reptiles, et de charognes, et par cela même très-utile à cette contrée, est celui qu'on y appelle Carancro, et qui est, à ce que je crois, le Gallinazo du Mexique, ou qui, du moins, y a beaucoup de rapport.

On voit, en outre, ici, certains oiseaux de passage, qui se montrent en différens tems de l'année et sur-tout en hiver, tels, entr'autres, que des canards de diverses sortes, et des sarcelles, dont la chasse abondante (qui s'en fait au mois de novembre, décembre et janvier) fournit aux Colons, pendant ce tems, une nourriture agréable et saine.

Le poisson d'eau douce, qui n'est autre que celui du fleuve et de quelques bayoux, est d'un goût fade et grossier. Celui qu'on estime le plus, qu'on sert, avec apprêt, sur les tables des Colons, mais dont la chair, sans être absolument désagréable, est néamoins peu succulente et coriace, le moins mauvais, à bien dire, est celui qu'on y appelle Casse-Burgau. Il ne faut point omettre ici, pourtant, cette production du fleuve, dont l'abondance est une grande douceur, une espèce de manne pour les habitans de ses bords, durant quatre à cinq mois de l'année (de mai en septembre), la Chevrette, espèce de petite écrevisse qui se pêche à la nasse, et que l'on apprête en diverses façons.

Quant au poisson de mer, on a celui des lacs de Pontchartrain et de Barataria, qui y monte de la mer, à laquelle ces deux lacs communiquent; avec cette différence, que le dernier, recevant beaucoup d'eau douce qui s'y jette de l'intérieur, et n'étant, à proprement parler, qu'un lac d'eau saumâtre, et non salée, donne, au poisson de mer qu'on y pêche, un goût peu savoureux que celui de Pontchartrain, n'admettant et ne contenant que peu d'eau douce, en comparaison de l'autre, et en raison de son étendue et de sa libre communication avec la mer, est vraiment un lac d'eau salée, offrant aux poissons de mer un élément qui leur est convenable, et en nourrissant aussi de très-bons, particulièrement celui qu'on nomme Casse-Burgau du lac, qui n'est nullement celui du fleuve, et dont la chair est excellente.

On a encore, durant une partie de l'année, en ce pays, d'assez belles et bonnes huîtres que l'on pêche aux bords de la mer, dans les environs de ces lacs, et quelques autres coquillages.

Oublierons-nous de faire mention des reptiles et des insectes, dont cette contrée est certainement une des mieux pourvues du monde entier, et semble être le réceptacle commun et la demeure favorite ? Un tel oubli, de notre part, ne serait point excusable, et formerait une lacune dans la peinture des objets que présentent les lieux que nous décrivons. Il est vrai que c'est une ombre au tableau. Mais enfin, peut-on faire un tableau qui n'en ait pas ? et ces ombres mêmes n'ont-elles point leur mérite propre, celui qui résulte de l'opposition des teintes, et d'où naît, en partie, cette illusion que produisent l'heureux mélange et l'habile assortiment des couleurs, et ce qu'en termes de l'art on nomme la science du clair-obscur ? Pour ce qui est du dégoût que l'on pourrait croire attaché à l'examen et à la description de ces objets désagréables ou hideux par eux-mêmes, je répondrai avec Boileau :

Il n'est pas de serpent, ni de monstre odieux,
Qui, par l'art imité, ne puisse plaire aux yeux.

Le premier reptile qui se présente à nous, est l'énorme crocodile, animal amphibie, et de la forme d'un lézard, dont quelques-uns ont jusqu'à dix à douze pieds de long, et sont gros à proportion, à la peau écailleuse et d'un brun-noirâtre, à l'odeur forte et musquée, aux mouvemens tortueux et rampans, à l'extérieur, enfin, difforme, brute et sauvage. Les anses du fleuve, les lacs, les bayoux, toutes les eaux dormantes, et les fossés mêmes d'écoulement ménagés dans les plan-

tations

tations, en sont infestés, au point que, sortant, par fois de ces fossés, ils viennent ramper autour des maisons; peu à craindre, il est vrai, hors de l'eau, mais d'un aspect vraiment hideux et repoussant.

Ensuite viennent les serpens de différentes espèces, dont le Serpent Congo et le Serpent à Sonnettes sont les plus dangereux. Ce dernier, surtout, porte dans sa morsure un venin funeste, et qui tue en peu d'heures. On trouve, en outre, ici une espèce de vipère amphibie appelée Congre, dont l'atteinte est pareillement mortelle (à ce que m'ont assuré plusieurs personnes), animal plus terrible encore que le Serpent à Sonnettes, en ce qu'au lieu de fuir, il s'élance vers l'objet qui se présente à lui, et qu'au contraire ce dernier, presqu'immobile, cherche à s'éloigner, et ne blesse que lorsqu'on le provoque et qu'on est, pour ainsi dire, sur lui. Ces reptiles divers peuplent les bois marécageux ainsi que les bords des bayoux, d'où ils se répandent par-tout, et quelquefois même dans les maisons. La véritable vipère, et (parmi les insectes) l'araignée dite à cul-rouge, très-venimeuses l'une et l'autre, existent pareillement dans cette contrée propice aux reptiles et insectes de tous genres.

Les grenouilles et les crapaux abondent en ce pays, et ces derniers, lors des premières pluies d'été, couvrent quelquefois la terre.

On voit, le matin, et sur-tout durant les saisons pluvieuses, la surface de ce sol aquatique, hérissée confusément de buttes de terre, creuses de figure cilindrique, hautes de sept à huit pouces, et qu'élèvent, pendant la nuit, en forme de soupirails, des espèces de petites écrevisses amphibies, qui fourmillent dans l'intérieur de ce sol, moitié terre et moitié eau. Cette espèce d'écrevisse, ainsi cachée sous terre, est, en outre, de même que le rat musqué, pour la partie du pays qui avoisine le fleuve, un vrai fléau, par la promptitude avec laquelle l'un et l'autre criblent la plus solide levée, de trous souterrains, par où les eaux du fleuve pénétrant, minant sourdement cette levée, et la faisant écrouler tout-à-coup, forment une crevasse, où se précipite un volume d'eau considérable, échappé du fleuve, et qui submerge bientôt un vaste canton, en élargissant et creusant, avec une violente rapidité, la brèche que ces dangereux animaux lui ont préparée.

Tout cela, certes, est bien dégoûtant et bien fâcheux; mais, ce n'est pas là tout : il faut y ajouter encore une autre incommodité qui existe dans cette contrée, un véritable fléau d'autant plus insupportable, qu'on ne peut point, en partie, s'en garantir. C'est celui des moustiques et des maringouins. Car, enfin, vous pouvez être à l'abri des crocodiles, des serpens, des crapaux, etc., en vous tenant chez vous, et laissant, ailleurs, le champ libre à ces nombreux reptiles. Mais, quant au maringouin de la Louisiane, il ne vous est pas possible d'en éviter pareillement les atteintes, dont l'effet, indépendamment de la vive douleur qu'elles causent, est de couvrir la peau de petites tumeurs ou pustules enflammées, qui, en se dissipant, laissent, à leur place, une tache pourprée, laquelle ne s'efface qu'insensiblement. Depuis le commencement du printems, jusqu'à la fin de l'arrière-saison, ce diabolique insecte vient vous provoquer, vous harceler, vous tourmenter de ses cuisantes piqûres, sans interruption, sans relâche, et la nuit et le jour, et jusques dans les appartemens les plus reculés, les plus clos. On peut seulement s'en préserver, dans les heures consacrées au repos, par le moyen d'un voile de linon, mousseline, ou autre léger tissu, nommé Moutiquère ou Berre, formant un rideau d'une seule pièce, qui environne et ceint le lit de tout côté, sous lequel rempart on se met hors de la portée de ces ennemis acharnés, qui ne cessent de s'agiter autour du voile qui leur dérobe leur proie, avec un bourdonnement aigu, au bruit duquel on s'endort, tant bien que mal, en sacrifiant, durant les nuits brûlantes de l'été, l'agrément de la fraîcheur à l'impérieux besoin du sommeil, qu'on ne pourrait se procurer différemment, au milieu de ces insectes avides et venimeux.

Mais, dans les habitations, durant les soirées d'été et d'automne, depuis l'ouverture de la nuit jusqu'à l'heure où l'on se couche, il n'est rien qui puisse en préserver, qu'une épaisse et continuelle fumigation;

jointe au soin de se tenir plongé et comme enveloppé dans ce torrent de fumée, hors duquel on ne peut sortir sans rencontrer l'ennemi qui vous attend et vous veille au-delà de ce retranchement, et qui, de mille coups d'aiguillon, vous y repousse bien vîte. Pendant le jour, on s'en trouve moins incommodé. Mais il m'est arrivé souvent, malgré cela, de ne pouvoir absolument pas ni lire ni écrire, à quelqu'heure du jour que ce fût, sur-tout lorsque le tems était sombre et disposé à la pluie, et de me voir enfin réduit, après m'être long-tems débattu contre eux, à laisser là papier, plumes, et livres, à leur abandonner le champ de bataille, et à passer de mon cabinet dans un courant d'air libre, pour me mettre à l'abri de leurs poursuites.

Enfin, je ne saurais vous exprimer combien l'incommodité résultante du contact perpétuel et du sifflement aigu de ces insectes est sensible pour un étranger, puisqu'il l'est même (à vrai dire, moins fortement, en raison de l'habitude) pour un natif du pays.

Cela est au point, que cette seule incommodité, qui, en certains tems et en certains lieux, est presqu'insoutenable (abstraction faite de tous les autres désagrémens inhérens à cette contrée), suffira pour m'en dégoûter totalement.

Mais, pourquoi, me dira-t-on peut-être, y résidez-vous depuis deux ans et demi, et pourquoi n'en sortez-vous pás ? A cela, je répondrai que mon transport et mon séjour en ces lieux, ont été amenés et déterminés par des circonstances absolument étrangères aux impressions favorables ou désavantageuses que je puis avoir pris de ces mêmes lieux, et que mon départ d'ici est subordonné à ces mêmes causes : et cette réponse doit suffire aux personnes intelligentes, et principalement à vous.

CHAPITRE XII.

Suite du Chapitre précédent.

VENONS aux productions du pays, dans les règnes vegétal et minéral, en renvoyant à l'article des cultures de la Colonie, qui va suivre celui de ses productions naturelles dans les trois règnes, le détail que nous avons à faire des plantes, objets directs de cette culture, qui sont la Canne à Sucre, le Coton, l'Indigo, le Tabac et le Riz.

Les arbres qui forment le rideau de bois dont l'horizon est borné de fort près sur les deux rives du Mississipi, ainsi que ceux qui croissent dans les autres parties de la Colonie, ne sont ni d'une élévation ni d'une grosseur considérable, à l'exception du cypre, du chêne-vert, et de quelques autres. Leur aspect, au lieu de flatter la vue, et de près et de loin, offre, au contraire, une perspective triste et sombre, dans cette espèce de gui ou plante parasite, nommée Barbe-Espagnole, qui s'attache à leurs branches dont elle ravit la substance, et qui, suspendue, de toutes parts, en tresses filandreuses et d'une couleur grisâtre, en masque la verdure, et présente un coup-d'œil vraiment désagréable.

Le cypre est le bois de charpente le plus généralement employé ici, et le seul même qui puisse l'être avec facilité, du moins, sur les bords du fleuve, au-dessous de la Haute-Louisiane. C'est effectivement un très-bon bois, employé à cet usage, ainsi qu'à celui de la marine, en divers cas. Il est aussi très-propre à la construction des pirogues ou canots, et semble se prêter à tout, plus ou moins; mais il est fort combustible, et d'une qualité vénéneuse. La moindre petite parcelle de ce bois, entrée dans les chairs, y occasionne bientôt un picotement et une inflammation qui ne cessent qu'en la retirant, et qui occasionneraient, sans cela, des accidens plus ou moins graves.

Il existe un autre arbre dont le bois est très-convenable à la menuiserie, et qui, mis en œuvre, quand il est bien choisi et bien travaillé, forme de très-jolis meubles, et peut même être comparé au bel Acajou ou Mahogany des Antilles. C'est le Mérisier, rare dans la Basse-Louisiane, et que produit la Haute, ainsi que divers autres arbres dont le bois est plus ou moins propre à la construction ou à la menuiserie.

Relativement aux différentes sortes de bois qui peuvent être employées ainsi dans l'étendue de la Colonie, j'observerai qu'en général le cèdre et le pin se trouvent sur les côtes du Golfe et dans ses environs le cypre, sur les bords du Flèuve et dans toutes les terres marécageuses, le chêne, le mérisier, le noyer, etc., dans la Haute-Louisiane et dans les terres fortes, et à l'abri des inondations.

En général, les arbres fruitiers ne prospèrent point dans ce pays, soit par le vice du sol et du climat, soit aussi par le défaut de soins. Ceux étrangers aux pays, tels que l'oranger, le figuier, le pêcher, le poirier, le pommier, la vigne d'Europe, et quelques autres encore, y croissent. Mais leur produit ne flatte communément ni l'œil ni le goût. Les uns ont une saveur crue et peu délicate, et les autres sont gâtés par les vers ou autrement, avant leur maturité.

Parmi ceux naturels au pays, et qui, par conséquent, sont moins sujets à la vicieuse influence du sol et du climat, on peut distinguer le Pacanier, espèce de noyer, dont le port est beau, la verdure agréable, et dont le fruit, ayant l'apparence et la forme d'une noix muscade, offre sous sa coque épaisse et dure, une substance divisée en deux parties par une capsule ligneuse, d'un goût approchant de celui de la noix d'Europe, quoique bien moins succulent et même un peu âcre; le Jasseminier, arbre de belle apparence, mais moins haut que le pacanier, à grandes feuilles, d'un vert-foncé, produisant un fruit qui a la forme et la couleur d'une grosse poire alongée, d'une substance

substance molle et sucrée , et d'un jaune doré , ou d'un blanc verdâtre , et dont la pulpe enveloppe des graines d'une couleur brune et de la grosseur d'une moyenne fève ; le Mérisier , arbrisseau qui plaît à la vue , et dont le fruit , espèce de petite cerise , n'est bon et employé qu'à la composition d'une liqueur d'un rouge-pourpré , d'un goût agréable , qui se fait au moyen de l'infusion de ce fruit et de son amande dans de l'eau-de-vie ou du bon tafia , à quoi on ajoute un peu de sucre ou de sirop , quand on veut en faire usage , et qui est la liqueur favorite des Colons , comme étant une production de leur sol ; le Sassafras , arbre dont la feuille , d'une qualité aromatique , desséchée et pulvérisée , entre dans la préparation des mets de ce pays , une petite quantité de cette feuille ainsi réduite en poudre verdâtre , jetée et mêlée dans un bouillon gras , quelques instans avant qu'on ne le serve , lui donnant un goût particulier et même appétissant ; et enfin , le Cirier , autre arbrisseau dont le feuillage est d'un vert-foncé , et le fruit est une graine qui , infusée dans l'eau soumise à l'action du feu et à des procédés fort simples , produit une cire verte et très-consistante , dont on tire parti sur les lieux , en la mêlant et la fondant avec du suif , au moyen duquel mélange on fait des chandelles d'un assez bon usage.

Les plantes et herbes potagères réussissent bien ;

mais elles n'ont que peu de saveur. Leur suc est cru, fade, et, pour ainsi dire, aqueux. Ces productions ne sont donc ni appétissantes ni substantielles. Les Melons y sont pourtant assez bons, sur-tout les Melons d'eau.

Le pays abonde en simples et plantes médicinales, dont les propriétés et l'emploi ne sont bien connus que des sauvages ou naturels du pays.

La Basse-Louisiane et une partie de la Floride occidentale, n'étant composées que de terres d'alluvion, et formant une contrée conquise, pour ainsi dire, sur la mer, n'offrent aucune production dans le règne minéral. Il est quelques points de la Floride occidentale hors de cet espace, où, peut-être, il existe des productions de ce genre; mais elles ne sont point encore connues, à la réserve d'une espèce d'ocre, ou terre colorée, qui se trouve aux environs de Pensacole, et dont on se sert ici pour donner diverses teintures aux murs des maisons, ainsi peintes en rouge, en jaune, en bleu, etc.

Il en est de même de la Haute-Louisiane, à commencer par le terroir du Natchitoche, où, par la rencontre de quelques matières minérales, on présume qu'il doit y avoir des veines métalliques. On a découvert et exploité faiblement une mine de plomb au canton des Illinois, et l'on croit qu'il y en existe d'autres.

CHAPITRE XIII.

Cultures et productions Coloniales. Quantité des habitations formées sur les bords du Fleuve, et leurs cultures principales.

NOUS allons parler maintenant des établissemens de la Colonie, en commençant par ceux qui se trouvent sur les bords du Mississipi.

Cet espace de soixante-quinze lieues qui s'étend, en longueur, sur les deux rives de ce fleuve, pourrait comporter, en sa totalité, douze à quinze çens habitations, où la canne à sucre, le coton, l'indigo, le tabac, le riz, et le bois de charpente, offriraient, en des endroits divers, plus ou moins de ressources par leurs produits, et soutiendraient un pareil nombre de propriétaires, si le sol y était par-tout susceptible de culture et de labour, et si, en outre, les cultivateurs suffisaient à la terre. Mais c'est ce qui n'est pas, à beaucoup près. Et voici comme j'étaie et justifie mon opinon à cet égard, en vous priant, au reste, de ne point oublier que dans tout ce que je vous expose au sujet de l'étendue, des établissemens, des productions, du commerce, de la population, et de l'administration politique, civile, militaire et fiscale de cette Colonie, je ne marche, pour ainsi dire*, qu'à tâtons, et m'appuyant sur des apperçus qui peuvent être fautifs en divers points, attendu que je n'ai pas tout vu de mes yeux, que j'ai été obligé de m'en rapporter souvent à ceux d'autrui, en comparant et rapprochant les résultats variés de leurs rapports, en les faisant coïncider ensemble autant qu'il m'a été possible, et qu'enfin je n'ai pu tirer aucun secours d'ailleurs, le Gouvernement espagnol agissant à sa manière accoutumée, en tenant, jusqu'à présent, ces objets couverts d'un voile épais, et nul particulier n'ayant encore levé ce voile, au moins, que je sache.

En conséquence, et venant à ce dont il est question, je pose en fait que, sur cette étendue de soixante-quinze lieues de pays, qui borde le fleuve, et qui forme, ainsi que nous l'avons déjà observé, la partie essentielle et la mieux cultivée de la Colonie, il n'existe qu'environ huit cents habitations proprement dites : et c'est ce que j'infère, tant du rapport, mal digéré, il est vrai, de plusieurs Colons établis, à des distances considérables les uns des autres, sur les bords du fleuve, que de mes propres observations, dont une seule, que je vais mentionner, avec quelque détail, pourra vous suffire.

En partant de la ville, et remontant le fleuve jusqu'à la distance de cinq lieues, j'ai compté dans cet espace, et des deux bords, sans aucune exception, soixante-dix habitations grandes et petites, dont trente sur la rive gauche du fleuve, et quarante sur la rive droite. Il est à remarquer, d'ailleurs, que ce dénombrement, fait aux environs de la ville, ne peut offrir que le résultat le plus considérable possible, en ce que l'examen porte sur la partie de terre la plus voisine du chef-lieu, la plus anciennement habitée, et la mieux exposée pour le débouché de ses productions, et qu'un pareil dénombrement, effectué à vingt-cinq, trente lieues de la ville, et au-delà, ne présenterait certainement pas (en supposant même une parité de ressources dans la qualité et l'exposition du sol) un résultat, à beaucoup près, aussi avantageux.

Ainsi donc, en partant delà, si les cinq lieues ci-dessus désignées ne contiennent que soixante-dix habitations, depuis la ville ou plutôt le faubourg, jusqu'à l'habitation Trudeau, sur la rive gauche du fleuve, et depuis l'habitation Bernandy, vis-à-vis le faubourg, jusqu'à l'habitation Eugène Fortier, sur la rive droite inclusivement, les soixante-quinze lieues, en leur totalité (admetant, pour un moment, que le sol soit aussi bien établi par-tout ailleurs qu'aux lieux servant de mesure porprotionnelle), ne peuvent donc contenir, au plus, sur cette règle d'estime et de proportion, que mille cinquante habitations. Et attendu qu'il est de vastes espaces, dans cette étendue et le long du fleuve, qui ne sont nullement en valeur, et que d'autres le sont fort mal, et n'offrent que de petites places à vivre, et des cultures ébauchées ; on peut hardiment réduire ce nombre supposé, de mille cinquante habitations, à celui effectif de huit cents ou environ, le reste ne méritant vraiment pas d'être compris dans cette énumération.

La principale partie de ces plantations est composée de soixante-quinze sucreries, établies, çà et là, sur les bords du fleuve, un petit nombre au-dessous, et le plus grand au-dessus de la ville, ainsi que dans quelques portions de terre haute, qui se trouvent hors des bords, mais voisines de ce fleuve. Ces sucreries ne s'étendent pas plus loin de dix lieues au-dessous, et vingt lieues au-dessus de la Nouvelle-Orléans. La masse des autres manufactures, en raison de leur étendue, ne répond pas à celle-là, et consiste en plantations de coton, qu'on cultive peu dans le bas de la Colonie, en ce qu'il n'y prospère pas, et qui réussit beaucoup mieux vers le haut, comme au Bâton-Rouge, à la Pointe-Coupée et dans les cantons reculés (et pour ainsi dire, séparés du centre de la Colonie) des Atacapas, Opeloussas, Avoyelles, et Natchitoches; en quelques-unes d'Indigo qui n'y réussit plus comme autrefois, et de Tabac qui prospère en ce dernier canton, en des moulins à scier le bois, en champs de riz, maïs, pommes de terre, légumes et plantes potagères, que cultivent les petits habitans.

Il n'existe donc que deux sortes de cultures et manufactures importantes et dignes de considération dans cette Colonie, savoir : les Sucreries dans le bas, et les Cotonneries vers le haut. C'est donc à l'examen de ces deux cultures et de leur résultat, que nous devons specialement nous attacher, pour donner une idée convenable des productions commerciales de ce pays.

CHAPITRE XIV.

Culture de la Canne à sucre, et ses produits.

PORTONS-NOUS d'abord aux Sucreries, comme au premier objet qui se présente à nous dans cet examen, et au plus considérable, en outre, par sa nature et par les résultats avantageux qu'il offre pour l'avenir.

Il y a sept à huit ans que les premiers établissemens en sucreries ont eu lieu dans cette Colonie; et c'est un des grands avantages qu'elle doit, en partie, au bouleversement de Saint-Domingue, qui, en produisant la hausse du prix du sucre, et faisant refluer en ce pays-ci divers habitans de cette infortunée Colonie, connaissant la culture et la manipulation de la canne à sucre, et quelques ouvriers en état de construire les bâtimens et pièces mécaniques propres à cette manipulation, a certainement été une des causes matrices de ces premiers établissemens; ce dont conviennent, de bonne foi, quelques honnêtes Colons de la Louisiane, et que d'autres, par un amour-propre assez mal vu, traitent d'assertion peu fondée.

Quoiqu'il en soit, la canne-à-sucre, qu'on avait tenté de cultiver en ce pays, il y a environ cinquante ans, et qu'on avait totalement abandonnée, après quelques tentatives infructueuses, ou, du moins, peu encourageantes (l'hiver semblant mettre alors un obstacle invincible à sa culture et surtout à l'extraction de son suc), paraît maintenant s'y naturaliser, et y croît avec une facilité vraiment surprenante. Cette espèce de roseau, plantée en janvier, février, et même mars, pivote et s'élève de terre au commencement du printems, languit en mai et juin, durant la sécheresse qui règne alors, commence à prendre de la vigueur en juillet, et, dans l'espace de trois mois seulement, favorisée par les pluies et la chaleur active qui dominent en ce tems-là, elle s'élève, s'épaissit à vue-d'œil, présente, en octobre, une flêche de huit à neuf pieds de haut, y compris son feuillage, et, dès la fin de ce même mois, est bonne à être coupée et élaborée, avec un avantage si réel, qu'un arpent de terre, qui, bien préparé, aura été planté en cannes, au commencement de février, et entretenu avec soin, est en état de donner, neuf mois après, au commencement de novembre suivant, un produit net de deux milliers pesant de sucre, et d'à-peu-près deux barriques de sirop; lequel produit, évalué au prix où le sucre et le sirop se sont vendus ici depuis l'établissement des Sucreries, savoir, le quintal de sucre, à huit piastres, et la barrique de sirop à quinze, forme une somme de cent-quatre-vingt-dix piastres, équivalente à celle de mille livres tournois, que rend un arpent de terre ainsi planté et exploité, dans l'espace de dix mois révolus ; revenu vraiment considérable, et qui résulte, en partie, il est vrai, du haut prix du sucre et du sirop. A Saint-Domingue, à l'époque la plus brillante de cette Colonie, dont les produits furent alors si grands (en 1789 et 1790), que la valeur totale des revenus de cette dernière année, a été évaluée, sur les lieux, à environ vingt-cinq millions de piastres, le sucre brut ne se vendait point au-dessus de cinq piastres et demie le quintal, et le sirop, de neuf à dix piastres la barrique ; et les habitans, satisfaits de voir le prix de leurs productions parvenu à ce point-là, s'en félicitaient, et n'eussent demandé que la continuation d'une semblable valeur. Or, jugez, d'après cela, du bénéfice à faire sur le prix actuel de ces mêmes productions, porté à cinquante pour cent au-dessus de l'ancien prix.

Il est vrai que les habitans sucriers de la Louisiane, ont payé bien chèrement l'installation de leurs manufactures, soit en ustensiles à ce convenables, soit en prix de main-d'œuvre. On y a payé un jeu de sucrerie jusqu'à trois mille piastres, et généralement deux mille à deux mille-cinq-cens. Un charpentier exigeait, outre sa nourriture et celle de ses ouvriers, quatre à cinq cens piastres, pour la mécanique d'un moulin à bêtes, dont on lui rendait toutes les pièces à leur destination. Un maçon demandait et obtenait trois cens piastres, pour monter un jeu de chaudières. Les fabricans de sucre, anciens rafineurs de Saint-Domingue, transportés à la Louisiane, retiraient douze à quinze cens et couramment mille piastres, pour la peine qu'ils prenaient de diriger, durant l'espace d'environ deux mois, la fabrique d'une récolte de quatre-vingt-dix à cent milliers de sucre brut, en se réservant la faculté d'être choyés chez l'habitant, six mois d'avance, dans l'attente de cette récolte et de l'exercice de leurs talens moins précieux, assez souvent, qu'ils le prétendaient et qui ne le sont plus maintenant, grace à leurs prétentions exhorbitantes et à la manie qu'ils ont eue de se faire trop valoir ; ce qui a provoqué et excité l'attention et l'activité des gens du pays, qui actuellement en savent, autant qu'eux, pour ne pas dire plus, et qui portent, en outre, à leur travail, cette réunion de soins que produit l'intérêt personnel fortement stimulé, et dont n'étaient point susceptibles, en général, ces manipulateurs étrangers entourés d'apprentifs et de manœuvres qui leur épargnaient toute espéce d'embarras et de veilles, et ne prenant à la chose qu'un intérêt peu sensible et purement mercenaire. Ces bénéfices, de la part des uns et des autres, étaient si excessifs, que chaque ouvrier gagnait, quitte et net, cent piastres par semaine, et le fabricant en sucre, jusqu'à deux cens piastres.

Mais, ces dépenses extraordinaires n'existent plus, du moins en grande partie. Le prix exhorbitant de tous ces objets est baissé, et, suivant toute apparence, baissera encore. L'heureux événement de la paix donne un espoir légitime à ce sujet.

J'oubliais de vous dire qu'un objet encore bien coûteux, est le principal instrument de la culture, le Nègre. Le commerce de la Traite étant suspendu ici depuis dix ans, il est étonnant que ce pays ait pu se soutenir, et même former, durant cet espace de tems, d'aussi grands établissemens en culture que les sucreries, sans augmentation de bras. C'est à quoi il eût été possible d'obvier, malgré les gênes de la guerre. Mais des raisons politiques, bien ou mal fondées, ont déterminé le gouvernement espagnol à n'admettre aucune composition, aucun arrangement praticable à cet égard. De sorte que le prix d'un nègre ou d'une négresse, faits à la culture ou au service domestique, va jusqu'à mille et douze cens piastres, au moyen de quelque terme dans le paiement, et de sept à neuf cens piastres, au comptant.

Revenons à la canne-à-sucre, en évaluant, comme

je viens de le faire, le produit net d'un arpent de cannes bien travaillé à deux milliers pesant de sucre brut, et deux barriques de sirop. Il est bon de faire entendre que c'est là le plus fort produit de cette culture, en général, (dont même il peut se faire qu'en particulier quelques arpens fournissent un résultat qui outrepasse cette mesure) et d'observer, sur cela, que les cannes de rejettons, et beaucoup de cannes de plant n'atteignent point à ce terme, dans l'état commun des choses. Et voici, à cet égard, sur quoi on peut raisonnablement compter.

Un habitant, habile cultivateur, dont la terre et les établissemens sont en bon état, ayant cent arpens de cannes, dont le tiers en plant et le reste en rejettons d'un et de deux ans au plus, avec quarante nègres et négresses attachées à la culture, peut exploiter, année commune, cent-vingt-milliers de sucre brut, et la même quantité de barriques de sirop, (ce qui fait trois milliers ds sucre et trois bariques de sirop par nègre travaillant, ou bien, douze cens livres de sucre et un peu au-delà d'une barrique de sirop par arpent), la vente de laquelle quantité de sucre et de sirop, au prix qui a existé ci-devant de huit piastres le quintal de sucre, et de quinze piastres la barrique de sirop, lui fera un revenu de onze mille quatre cens piastres, à raison de deux cens-quatre-vingt-cinq piastres par nègre, et de cent-quatorze piastres par arpent. Ses barriques ne lui coûteront rien, pouvant être faites sur son habitation par quelque nègre ouvrier, comme l'on doit en avoir dans de semblables Établissemens. Il n'a pas besoin de payer de fabricant en sucre, parce que lui-même, ou son économe, ou quelques-uns de ses nègres y peuvent suppléer. Il n'a donc que des dépenses communes à faire, comme le remplacement de quelques animaux et ustensiles de Sucrerie, le prix de quelques réparations, le paiement d'un économe et d'un aide durant la Roulaison, et un petit nombre d'autres menus objets. Ces dépenses réunies ne se montent guère qu'à douze à quinze cens piastres par année : et le surplus lui reste pour fruit de ses travaux. A ce compte, c'est au moins dix mille piastres, quitte et net, qui lui reviennent.

Mais, faisons encore un calcul plus modéré, et voyons ce que le même habitant pourra réaliser par la suite, année commune, en admettant que le prix du sucre et du sirop vienne à diminuer d'un tiers de leur valeur précédente, et à être réduit ici au taux suivant, savoir : le sucre brut, à cinq piastres et demie le quintal, et le sirop, à dix piastres la barrique. Conformément à la même échelle de proportion que nous avons déjà indiquée pour le travail du nègre et le produit de la terre (chaque nègre entretenant et exploitant deux arpens et demi de cannes, à raison de quarante nègres pour cent arpens, et chaque arpent fournissant, l'un dans l'autre, douze cens livres de sucre et une barrique et un cinquième de sirop), cet habitant, avec les moyens ci-dessus relatés, peut encore effectuer un revenu de sept mille-huit-cens piastres, à raison de cent-quatre-vingt-quinze piastres par nègre, et de soixante-dix-huit piastres par arpent. Déduisant de ce revenu le quart pour les dépenses d'exploitation, et pour le remplacement à faire des nègres et animaux, il aurait encore, malgré la baisse sus-mentionnée du tiers dans le prix de ses productions, un revenu liquide et franc de cinq mille-huit-cens-cinquante piastres par année, équivalent à cent-quarante-six piastres et un quart par nègre, et à cinquante-huit piastres et demie par arpent, toutes dépenses d'habitation quelconques entièrement couvertes et acquittées, y compris même l'article de l'Impôt, lequel n'est pas directement levé sur l'habitant, mais sur l'acquéreur de ses productions qui les fait valoir et les paie en conséquence. Tout calcul fait, c'est encore là, certainement, un beau revenu. Mais j'admets toujours, et dans tous les cas, un bon habitant, une terre convenable et bien tenue, et des établissemens faits, qu'il suffit d'entretenir. Car la formation d'un bien de cette espèce, la création d'une sucrerie, entraîne des dépenses majeures, et qui ne se renouvellent pas, du moins en masse.

Au surplus, dans les diverses évaluations que je fais et ferai encore du produit des terres en sucre et coton, l'on doit observer que je me sers de l'expression d'année commune, en ce qu'il peut arriver que le produit d'une récolte s'élève au-dessus de ces évaluations, et que le produit d'une autre aussi ne les atteigne pas. Je m'arrête, en cela, au terme moyen, et qui peut servir de base à une estime raisonnable et à un calcul probable.

D'après ces détails, il est évident que la culture de la canne-à-sucre, dans la partie basse de la Colonie, est d'autant plus avantageuse actuellement pour cette partie, que presque toutes les terres des deux bords du fleuve, à prendre d'environ dix lieues au-dessous de la ville jusqu'à vingt lieues audessus, paraissent appropriées et convenables à cette culture plus qu'à tout autre, et notamment qu'à l'indigo et au coton qui n'y réussissent pas. On pourrait même, avec le tems, et les moyens suffisans en cultivateurs et en autres objets nécessaires, établir grandement, dans cet espace de trente lieues sur les bords du fleuve, et dans quelques portions isolées, au moins cent sucreries susceptibles de faire, l'une dans l'autre, deux cens milliers de sucre brut chacune, en commençant les récoltes vers la fin d'octobre et les continuant jusqu'à celle de février consécutivement, et avec la précaution d'abattre les cannes et de les mettre en tranchées couvertes, avant les fortes gelées, ainsi qu'on le pratique ici depuis quelques années. Ce serait un produit de vingt millions pesant de sucre

que

que pourrait fournir annuellement ce terroir, le seul qui paraisse, quant à présent, convenable à la canne-à-sucre, sur les bords du fleuve et dans ses environs, le sol étant trop noyé au-dessous, et trop froid au-dessus de cette partie de la Colonie.

Le canton des Atacapas jouit aussi d'un sol et d'une température très-favorable à cette même plante. Mais, je ne sais si la rareté du bois de chauffage, dont ce canton est dégarni, ainsi que la difficulté d'y suppléer par la Bagasse, qui est le résidu de la canne passée au moulin (dont on n'a pu, jusqu'à présent, tirer parti dans ce pays), n'apporterait pas des obstacles trop grands à l'établissement d'un certain nombre de sucreries en ce canton, indépendamment du défaut d'un débouché facile dont cet endroit est privé.

Au reste, on prétend que le sucre de la Louisiane est de faible consistance, et se réduit aisément en melasse, à l'époque des chaleurs, ou par l'effet du transport. Si les plaintes du commerce américain, à ce sujet, sont malheureusement fondées (ce que l'expérience ne tardera point à éclaircir), ce serait un grand malheur pour ce pays, dont cette denrée peut devenir la principale ressource. Il est vrai que l'empressement des Colons à vendre leur sucre, à peine fabriqué, et avant qu'il soit bien purgé de sa partie siropeuse, et qu'il ait pris suffisamment du corps, peut avoir contribué à jetter ce discrédit sur cette riche production de leur sol. Et ce serait à eux, dans ce cas, à y mettre ordre, et à changer de conduite, à cet égard, en sacrifiant l'intérêt du moment, qui les séduit, à celui, mieux entendu, de l'avenir, en gardant leur sucre en Purgerie, au moins, durant un tems convenable, et donnant, en outre, une cuite plus renforcée à son grain, de manière à faire du sucre roux, et non du sucre blond ou, comme on dit ici, du sucre flatté, dont l'aspect flatte effectivement la vue, mais dont le grain est faible et mal digéré.

De plus, il est à observer que la canne-à-sucre de la Louisiane, coupée et plantée dans les premiers mois de l'année, languissante et chétive jusqu'au commencement de juillet, et ne devant sa croissance prodigieuse et presque subite qu'à trois mois d'une végétation forte et rapide, ne peut (à consulter, du moins, les apparences), fournir qu'un suc bien neuf, bien cru, bien peu élaboré, avant la fin de cette même année, et qui, réduit par les travaux de l'art, en sucre, est beaucoup plus sujet à se décomposer, se dissoudre, et se réduire en melasse, que le produit de cette même plante cultivée aux Antilles, où celle de plant n'est coupée et mise en œuvre qu'après seize à dix-huit mois d'attente, et celle de rejetton, qu'au bout de quatorze à quinze. A quoi les Colons de la

Louisiane répondent (car il faut exposer le pour et le contre) que cette prompte et hâtive maturité de la canne-à-sucre , en leur contrée , est dûe à l'influence de l'hiver, dont les premières atteintes affectant, plus vivement, cette plante étrangère et naturelle aux contrées méridionales, que celles indigènes , en arrêtent tout-à-coup la végétation , en fanent, et grillent, pour ainsi dire, le feuillage ; et , la dépouillant ainsi de sa verdure , et de son abri , l'exposent plus fortement à l'action d'un air vif et froid , qui accélère sa maturité au point même de la corrompre et d'en détruire les principes sucrés , si le cultivateur attentif n'avait soin d'obvier, à-propos , à cette action trop violente , en coupant et abrittant la plante , et la soustrayant ainsi aux atteintes des fortes gelées qui se font sentir souvent dès la mi-novembre, et presque toujours avant la fin de ce mois , précaution indispensable et sans laquelle il faudrait , la plupart du tems , renoncer à faire du sucre à la Louisiane.

D'une telle réponse on pourrait bien induire que cette maturité de la canne-à-sucre , étant occasionnée par la rigueur de la saison et un changement brusque dans l'atmosphère , et , par conséquent , étant comme amenée de force , ne peut offrir aussi qu'un résultat suspect et sujet à bien des inconvéniens inhérens à cette première cause et dépendans absolument d'elle.

Quoiqu'il en puisse être, sur les soixante-quinze sucreries existantes actuellement dans la Colonie, sur les bords du fleuve et aux environs, la récolte qui vient d'être achevée (de 1801 à 1802), a été évaluée à environ cinq millions pesant de sucre brut, avec une quantité de sirop proportionnée à cette première production, et qui répond au terme moyen d'environ soixante-sept milliers de sucre, par chaque habitation. Il en est qui ont fait plus, et d'autres moins. La plus forte récolte a été de deux cens et quelques milliers de sucre, trois ou quatre autres, de cent cinquante à deux cens milliers, une douzaine, de quatre-vingt-dix à cent-cinquante milliers, une vingtaine, de soixante à quatre-vingt-dix milliers, et le reste au-dessous de soixante milliers. Une, entr'autres, des mieux installées de celles du pays, en nègres, animaux, et établissemens analogues à cette culture, n'a absolument rien fait, par la seule raison que l'administration n'y répondait pas aux moyens. Car il faut observer encore que peu de pays exigent autant que celui-ci une attention suivie et une intelligence particulière dans la culture, pour en tirer avantage. Il est tel habitant qui, avec vingt-cinq nègres et un terrein d'une qualité ordinaire, fera communément plus de revenus que tel autre ayant cinquante cultivateurs aussi vigoureux que les siens, et un meilleur sol.

Cette différence , que l'on observe par-tout , dans les résultats d'une bonne ou d'une mauvaise administration , paraît être plus sensible et plus considérable ici qu'ailleurs , et par le genre même des cultures , et par le naturel des cultivateurs , qu'on ne peut perdre un instant de vue , sans que le travail ne soit arrêté ou traînant , et par les dispositions impérieuses du sol et du climat.

Puisque nous sommes sur cette branche de culture , ajoutons encore , avant que de la quitter , quelques observations qui s'y rapportent. Je vous ai déjà dit que la canne-à-sucre , étrangère à cette contrée ; paraissait y prospérer , et s'y naturaliser même, avec les soins d'une bonne culture : et c'est une vérité. J'y ai vu des cannes superbes , du plant de l'année , prises indistinctement dans la pièce , au mois de novembre , c'est-à-dire , neuf mois après leur plantation , de deux pouces environ de diamètre , sur cinq à six pouces d'un nœud à l'autre , et sept à huit pieds de longueur , mais contenant une substance moins douce , moins sucrée , il est vrai , que celle des cannes de rejettons , qui , beaucoup moins belles et moins fournies , ont un suc plus savoureux , plus épais , et par conséquent plus propre à la cristalisation et à la formation du sucre. Il est certain qu'à tout prendre on ne peut desirer , d'une production de cette nature , rien de plus magnifique , en aussi peu de tems , et même (au moins en apparence) , avec aussi peu d'apprêts et de soins. Les terres destinées à cette culture n'ont d'autres préparations qu'un léger labour fait avec la charrue (opération bien plus prompte et plus facile que celle du labour fait à la pioche, comme on le pratique à Saint-Domingue) et des fossés d'écoulement pour égoûter ces mêmes terres qui, par leur fraîcheur naturelle et la disposition humide de leurs sels, n'ont aucun besoin d'arrosage, ainsi que la majeure partie des terres où l'on cultive la canne-à-sucre en cette dernière Colonie. Cette plante, en outre, n'éprouve ici ni atteinte d'aucune espèce d'insecte destructeur, ni dépérissement occasionné par quelque cause inconnue.

L'habitant sucrier de la Louisiane, peut compter encore, parmi les avantages qui lui sont propres, (indépendamment de celui d'un grand fleuve qu'il a devant sa porte, au moyen duquel il se procure aisément, du chef-lieu et d'ailleurs, tous ses besoins, et transporte, sans peine, les productions de son sol) la jouissance, en outre, de trois objets essentiels à la formation de ses établissemens, et à l'exploitation de ses revenus, qui sont, la brique, qu'il prépare avec la terre des bords du fleuve, le bois de construction, de tonnellerie, et de chauffage, qu'il a derrière lui à vingt-cinq ou trente arpens de sa demeure, et les coquilles propres à faire de la chaux (à défaut de pierres calcaires en ce pays) dont il peut se pourvoir abondamment au moyen d'un canal qui traverse cette lisière de bois couvrant la profondeur de son habitation, et qui aboutit à des lacs, dont les bords fournissent, en grande quantité, cette dépouille utile de testacées.

C'est là certainement beaucoup d'avantages attachés à la culture de la canne-à-sucre sur les bords du Mississipi. Mais ils sont aussi contrebalancés par de grands et très-grands obstacles, qui, s'ils ne sont pas insurmontables, offrent, au moins, des difficultés majeures et de fâcheux inconvéniens. Le premier de ces obstacles, est celui des ouragans (assez rares, il est vrai, dans ce pays), ou seulement des grands coups de vent, dangereux en septembre et octobre, en ce qu'alors ils abattent aisément des plantes qui, comme les cannes, ont en ce tems, presque toute leur croissance avant que d'avoir acquis leur maturité; lesquelles, ne pivotant que superficiellement dans une terre qui, par sa qualité, n'est végétative qu'à peu de profondeur de sa surface, et élevant une tige épaisse et feuillue à huit et neuf pieds de cette terre, peu consistante d'ailleurs en elle-même ainsi que par l'effet des pluies qui ont précédé d'ordinaire ces coups de vent, ne peuvent être que facilement renversées, et, dans cet état, se détériorent promptèment, par la végétation qu'elles conservent encore, par l'humidité du sol où elles sont couchées, et par la confusion et le défaut d'air où elles croupissent. J'ai vu de grands et beaux champs de cannes, ainsi renversées, (et ordinairement ce sont les plus vigoureuses) loin de pouvoir être roulés en sucre, même inférieur, n'offrir d'autre ressource que celle d'une médiocre quantité de sirop amer.

Le second obstacle est celui que nous avons déjà exposé, l'influence de l'hiver qui, quoiqu'en général assez tempéré dans la Basse - Louisiane, est presque infailliblement entremêlé de journées et sur-tout de nuits très-froides, accompagnées de gelées, ou de petites pluies qui se transforment de suite en verglas plus nuisible à la canne-à-sucre que tout le reste, et qui la gerce, la rougit, et en décompose et détruit absolument tout le suc.

Le troisième obstacle, sinon à la culture en elle-même, du moins à son accroissement, est un résultat du second, et consiste en la nécessité où l'on est, en ce pays, de fabriquer le sucre, dans un espace, au plus, de quatre mois, (de la fin d'octobre à la celle février) seul tems où l'on puisse tirer parti de la canne-à-sucre, et qui est le plus rigoureux de l'année, et le moins favorable aux travaux de la culture, et par la briéveté des jours, et par l'intempérie de la saison. C'est donc cent vingt journées de roulaison, pendant l'année, à porter au plus long terme, y compris de fréquentes interruptions, et qu'on doit réduire à quatre-

vingt

vingt et quelques journées complettes de fabrique, à cause de ces suspensions fortuites, occasionnées, tantôt par un dérangement dans le moulin ou dans l'équipage, tantôt par l'abattis précipité et l'arrangement des cannes pour les mettre à l'abri des gelées, tantôt par la rigueur même de la saison, etc. Ces quatre-vingt et quelques journées complettes de roulaison, au produit de trois milliers de sucre par vingt-quatre heures, (qui est tout ce que peut faire, en ce pays, un équipage de sucrerie bien monté, dans un cours de fabrique suivi, et non momentanément) peuvent donc réaliser jusqu'à deux cens-cinquante milliers de sucre, au plus, avec le concours des circonstances les plus avantageuses. Et en admettant qu'un Colon sucrier de la Louisiane, soit, par la suite, en état de se renforcer suffisamment en nègres, et de faire agir, à-la-fois, deux moulins et deux équipages, il pourra doubler ce produit, et le porter, par conséquent, jusqu'à la quantité de cinq cens milliers de sucre, revenu qu'il se procurera avec cette double installation, un atelier d'au moins cent-soixante nègres travaillans, et un champ de quatre cens arpens de cannes en bon état, dont un tiers, de plant, et le reste, de rejettons d'un et deux ans.

N'oublions pas, en outre, de faire observer qu'au terrein nécessaire pour la fabrication d'un tel revenu, il faut ajouter ceux qu'exigent les vivres, le fourrage, et le bois suffisant pour une pareille exploitation, et dont on ne peut guère fixer l'étendue au-dessous de deux cens arpens.

Tout bien considéré, ce revenu en sucre, s'il s'effectue jamais, (ce dont je doute fort) sera, je pense, le plus haut point de valeur et le *nec plus ultrà* d'une immense habitation de la Louisiane. Et encore, ce résultat serait-il bien éloigné du produit de plus d'une sucrerie de St.-Domingue, qu'on a vû se porter à quinze cens milliers de sucre brut, et au-delà.

Le quatrième obstacle enfin, qui n'existe pas encore, il est vrai, dans sa force réelle, mais qui offre déjà beaucoup d'embarras, est l'objet du chauffage des sucreries, pour lequel on est obligé d'employer ici du bois à brûler, de bonne qualité, et dont il faut se procurer au moins trois cens cordes, pour une roulaison de cent milliers de sucre, et le surplus, au prorata d'une telle mesure, outre qu'il faut encore faire rendre cette quantité de bois, coupée en bûches moyennes, aux environs du fourneau de la sucrerie, et là, faire fendre ces bûches en quatre, pour qu'elles puissent être employées convenablement au chauffage, et les arranger en piles pour que l'humidité y pénètre moins. Cet objet essentiel et même indispensable, pourra bien manquer, par la suite, sur les lieux, vû la grande consommation qu'on est obligé d'en faire ; et il faudra, dans ce cas, s'en pourvoir des hautes contrées du Mississipi, et le faire descendre par le fleuve, avec des frais qui excéderont, de beaucoup, la valeur des travaux qu'exigent aujourd'hui la coupe et le transport de ce bois, si tant est qu'on puisse encore, dans cet état de choses, s'en procurer suffisamment et à un prix supportable, par cette voie (ce qui est douteux), difficultés qui rendraient alors bien faible et bien précaire l'état des sucreries en ce pays, à moins qu'on y trouve enfin le moyen, déjà recherché infructueusement par divers Colons expérimentés, de tirer un bon parti de la bagasse ou canne passée au moulin, et de faire servir au chauffage des sucreries, au lieu de bois, ainsi qu'on le pratique avec avantage dans les Antilles, cette bagasse qui n'a encore pu servir à rien ici, et n'est qu'un embarras de plus pour l'habitant obligé de la faire entasser à quelque distance de ses bâtimens, où elle se décompose et se pourrit en peu de tems, ne pouvant être employée de suite, dans la roulaison où elle vient de passer au moulin, à cause des parties aqueuses qu'elle contient et dont un climat froid et humide l'empêche de se dégager promptement, et encore moins propre à l'être dans la roulaison de l'année suivante, attendu qu'elle n'est alors qu'une espèce de fumier. Une ressource aussi essentielle paraît donc interdite aux sucriers de la Louisiane, réduits au bois de chauffage, tant qu'il subsistera , sans la perspective d'un remplacement convenable. Cependant , comme l'industrie et la nécessité sont inventives , qu'on ne peut leur fixer une borne précise dans la sphère des choses possibles , et que l'intérêt , stimulé par le besoin , force l'homme à s'ingénier , et lui fait découvrir des ressources où il ne semblait point en exister , il peut se faire que l'habitant de la Louisiane , trouve , un jour , ce moyen de remplacement , d'une manière ou de l'autre , dès-lors qu'il lui deviendra indispensable.

Un désavantage attaché , en outre , à l'emploi du bois de chauffage , est , qu'il ne produit point une flamme aussi pure , aussi active que celle de la bagasse , que son feu est sujet à faire casser les chaudières , plier les grilles , démonter les équipages , et fournit , de plus , beaucoup de cendre et de suie , qui diminuent et rallentissent l'action du chauffage , et entravent d'autant la fabrication du sucre.

La nature du sol et du climat ne permet point , d'ailleurs , à l'habitant de la Louisiane , d'exploiter des cannes qui aient plus de trois années d'âge , et de passer au-delà des deuxièmes rejettons , dont le produit même est , en général , si médiocre , qu'il serait beaucoup plus avantageux de renouveller , tous les ans , la moitié de ses cultures , si la faiblesse des ateliers comportait cette somme de travail. C'est à quoi je pense qu'on en viendra ici par la suite, et lorsque les bras ne manqueront point à la terre.

Voilà tout ce que je puis vous dire, au sujet de la culture et du produit de la canne-à-sucre de la Louisiane, de cette précieuse plante qui, conjointement avec l'arbrisseau du café, avait porté la Colonie de St.-Domingue à un si haut degré de splendeur et d'opulence.

CHAPITRE XVI.

Coton, Indigo, Tabac, Pelleteries, Riz, Bois de charpente, etc.

PASSONS maintenant à ce qui concerne les autres productions coloniales, en commençant par le coton.

J'ai déjà dit que la partie inférieure de la Basse-Louisiane, avoisinant le chef-lieu, n'offrait point un sol favorable au développement et au produit de cet arbrisseau. Sa culture, en conséquence, y est peu importante, en raison de l'étendue du sol. C'est dans les cantons supérieurs du Bâton-Rouge et de la Pointe-Coupée, terres plus élevées et moins humides, que cette culture est en vigueur, sur les bords du fleuve, ainsi que dans les cantons des Atacapas et Opéloussas, qui en sont séparés; de préférence même à celle de l'indigo, qu'on a généralement abandonnée à la Louisiane, comme aux Antilles, depuis une vingtaine d'années, tant à cause qu'elle n'y répondait plus, comme auparavant, aux travaux du cultivateur, (soit par l'effet de quelque vice dans l'air ou dans la terre, soit parce que cette plante exige un sol neuf et plein de suc) que d'après la baisse considérable de sa valeur.

Dans les cantons que je viens de nommer, le coton prospère, et y donne un beau produit. L'arpent de terre, bien tenu, peut y fournir annuellement quatre cens livres de coton net qui, au prix actuel de vingt-cinq piastres le quintal, forment un produit de cent piastres par arpent. Or, un bon nègre cultivateur peut suffire à l'entretien et l'exploitation de trois arpens, et, par conséquent, réaliser un revenu de trois cens piastres. Mais il est à observer que cette culture est plus casuelle encore que celle de la canne-à-sucre, et que la chenille, l'excès des pluies, et d'autres inconvéniens y portent préjudice, et, par fois, en diminuent beaucoup les produits, qu'on peut, en conséquence, réduire aux deux tiers, c'est-à-dire, à environ deux cens-soixante-sept livres de coton net, par arpent, année commune.

En supposant que le prix de cette denrée baisse, et soit réduit à vingt piastres le quintal, tantôt plus, tantôt moins, évaluation moyenne et que je crois admissible et raisonnable, il en résulte que l'habitant cotonnier des cantons supérieurs retirera toujours, en ce dernier cas, à-peu-près, cinquante-trois piastres par arpent, ou cent-soixante piastres par cultivateur, chaque année. Et comme sa dépense générale d'exploitation est, à tous égards, beaucoup moins considérable que celle du sucrier, j'estime que, déduction faite d'un cinquième de son revenu pour couvrir cette dépense totale, y compris celle des remplacemens, il aurait encore environ quarante-trois piastres par arpent, ou cent vingt-huit piastres par nègre travaillant, année commune, et toutes dépenses quelconques acquittées.

Ainsi donc, en admettant une baisse dans le prix de ces mêmes productions, telle que je l'ai déjà désignée, c'est-à-dire celle d'un tiers, pour le sucre et le sirop, et d'un cinquième, pour le coton, qui réduirait la valeur moyenne de ces denrées au taux de cinq piastres et demie, le quintal de sucre brut, de dix piastres, la barrique de sirop, et de vingt piastres, le quintal de coton, et déduisant le montant de toutes les dépenses d'exploitation, dans lesquelles il faut comprendre celles des remplacemens à faire (le tout évalué au quart du revenu pour l'habitant sucrier, et au cinquième, pour le cotonnier) le gain du premier, quitte et net, se trouvant être, alors, de cent-quarante-six piastres et un quart, par nègre travaillant, et celui du second, de cent-vingt-huit piastres, par nègre aussi travaillant, chaque année, il s'en suivrait, par la comparaison faite du produit net d'un nègre, dans l'une et l'autre culture, que le bé-

néfice

néfice du Sucrier n'excéderait celui du Cotonnier que d'un huitième franc, par année.

Terminons ces remarques par une observation relative aux travaux qu'exigent l'une et l'autre culture, et d'où il résulte que celle du coton est bien moins embarrassante que celle de la canne-à-sucre, outre qu'elle exige beaucoup moins d'apprêts et de moyens, et qu'elle est, par conséquent, bien plus favorable à la majeure partie des Colons hors d'état de former et de soutenir un établissement en sucrerie.

Durant l'espace d'environ six mois, depuis le commencement d'octobre jusqu'à la fin de mars, l'habitant sucrier est commandé par ses travaux qui le pressent avec force, et qui se succèdent rapidement alors, tels que la récolte des grains et fourrages, la roulaison, la préparation des terres, et les plantations; et le reste de l'année, il commande à ces mêmes travaux. L'habitant cotonnier, après des travaux beaucoup moins pénibles pour la préparation de ses terres et ses plantations, dont il s'occupe aussi en février et mars, commence à récolter son coton vers la mi-août, ou la fin de ce mois, continue en septembre, octobre, novembre, et quelquefois jusqu'à la mi-décembre, cette même récolte qu'il fait commodément et sans gêne, mais avec ordre et tenue pourtant; car, sans cela, tout irait mal, ici plus qu'ailleurs, d'après les raisons que j'ai déjà exposées. Dans ce même espace de tems, ses grains et son fourrage sont ramassés. Il ne lui reste plus qu'à faire passer son coton, c'est-à-dire, le débarrasser de sa graine, et puis l'emballer ; ce à quoi il procède aisément au moyen d'un moulin que deux chevaux font mouvoir, d'une mécanique, à hérisson, adaptée à ce moulin, et d'un établi pour l'emballage ; objets dont les habitans aisés ont soin de faire la dépense, et qui offrent une manipulation beaucoup moins pénible et moins coûteuse que celle du sucre. Les petits habitans, qui n'ont pas de moulin, vendent leur coton brut à ceux qui en ont, ou le font, à un taux convenu, préparer à ces mêmes moulins.

Bien des gens prétendent, au surplus, que le coton de la Louisiane est trop court, et ne peut, en conséquence, être employé fructueusement dans beaucoup de manufactures considérables, quoique, d'ailleurs, sa qualité soit belle et son lainage soyeux. Ayant vu l'effet de ces mécaniques à hérisson que, pour la plus prompte expédition de l'ouvrage, on emploie ici pour passer le coton, je ne serais pas étonné que cette assertion ne fût fondée. Le coton, sorti de ces roues dentellées, tombe dans le réservoir, non pas en longs flocons, ainsi que dans ces petits moulins, à baguettes et à roues, dont on se sert aux Antilles, mais en parcelles rompues, déchirées, et comme de la neige. Il est apparent que c'est à l'effet de ces sortes de moulins, en usage ici, qu'il faut attribuer le défaut que l'on trouve à ce coton d'être court, plutôt qu'à une imperfection naturelle dans cette production. Et c'est sur quoi les habitans cotonniers de cette Colonie sont intéressés à prendre des éclaircissemens certains, afin d'écarter, s'il est possible, le discrédit qui en résulterait pour cette denrée, une des principales branches de la richesse coloniale.

Après avoir parlé de la canne-à-sucre et du coton, qui sont les deux cultures florissantes et de quelque importance en cette Colonie, et en avoir exposé les résultats (sans être, au surplus, entré dans des détails champêtres ou techniques, à ce sujet, lesquels ayant déjà été traités et développés ailleurs, d'une manière générale, n'ont rien de particulier à cette contrée, que ce qui vient d'en être énoncé), il reste bien peu de chose à dire sur les autres cultures du pays. On ne fabrique presque plus d'indigo, par les motifs que nous avons déjà rapportés. Le tabac prospère dans les postes supérieurs, et notamment au Natchitoche. Mais les fraudes qui s'étaient introduites dans la fabrication de cette denrée, en ont dégoûté le commerce, ainsi que le Gouvernement espagnol, avec qui on le plaçait assez avantageugement , et fait tomber, par conséquent, la culture, qui n'est pas anéantie, il est vrai, mais considérablement restreinte.

Le produit des pelleteries, provenant des postes supérieurs, et de celui des Apalaches, est aussi beaucoup diminué, tant par la rareté, sans cesse croissante, des bêtes fauves, que par la concurrence des Américains, dans le Haut-Pays, et des Anglais, aux Apalaches. Un seul aventurier de cette dernière nation, nommé Bawls, à la tête d'une poignée de sauvages Talapousses, n'a-t-il pas attaqué et emporté, il y a un peu plus de deux ans, le fort des Apalaches, garni de canons, de munitions de guerre, et de provisions de bouche, et occupé par un capitaine et une compagnie de troupes Espagnoles, qui l'ont lâchement abandonné, sans combat, pour se sauver dans des galères mouillées au pied du fort, sur la rivière de ce nom, avec lesquelles il se sont réfugiés à Pensacole, laissant dans le fort, à la disposition de ce brave aventurier, presque tous les moyens de défense qui s'y trouvaient alors ? Et quel était le but de Bawls dans la prise et l'occupation de ce poste ? Uniquement celui de faire, avec moins de gêne et plus d'extension qu'auparavant, le commerce des pelleteries avec les nations sauvages des pays circonvoisins et intérieurs. Ils est vrai qu'environ trois mois après ce même fort a été repris, sans coup férir, par les Espagnols, avec une dépense et un appareil de guerre considérables à proportion du peu de forces qu'avait à leur opposer notre commerçant militaire, qui, voyant approcher l'ennemi en grand nombre et si bien armé, et n'ayant autour de lui qu'une bande indisciplinée de sauvages habitués à ne combattre que dans les bois, et à tirer un coup de fusil de derrière un arbre, et qui se débandaient, en outre, de part et d'autre, ne jugea pas à-propos de tenir bon, et fit, à son tour, aux Espagnols, la même honnêteté qu'il en avait déjà reçue, (à plus juste raison, du moins, puisqu'il ne pouvait se défendre) en leur cédant la place, et décampant sans tambour ni trompette.

Le riz, quoiqu'il se vende ici, depuis environ deux années, au cours de huit piastres le baril, ne sert, ainsi que les autres vivres du pays, qu'à la consommation de la contrée, et n'est point, quant à présent, une branche de culture coloniale, puisqu'il ne s'en exporte pas.

Les bois de construction, planches, caisses à sucre, etc., ont pu être autrefois des objets d'exportation assez importants. Mais ces articles sont actuellement réduits à peu de chose, sous ce point de vue, attendu que les cyprières ou forêts de cypres, qui offraient l'exploitation la plus facile, commencent à s'épuiser, qu'on est maintenant réduit à faire descendre par flottage sur le fleuve, et avec peine, une partie de ces bois qu'on tire du Haut-Pays, et que la Colonie a, d'ailleurs, intérêt de ménager cette ressource pour ses propres besoins.

CHAPITRE XVII.

Avantages et désavantages inhérens aux plantations formées sur les bords du Fleuve.

AJOUTONS encore, à ce qui concerne les cultures et manufactures de cette Colonie, quelques observations relatives à celles situées sur les bords du Mississipi, et qui en constituent la principale partie. Nous avons dit que le cours de ce fleuve est très-sinueux, sur-tout dans la Basse-Louisiane. Par ses détours, elle forme et présente des coudes nombreux, et donne aux terres qui le bordent des positions diverses et opposées que l'on distingue, sur les lieux, en Pointes, Battures et Anses. Une habitation, sise sur une pointe, ou encore mieux, le long d'une batture, a un avantage considérable sur celle située dans une anse, attendu que le fleuve ne peut nuire que fortuitement à celle qui possède la première position, et, en aucun cas, à celle qui jouit de la seconde, et qu'elle menace, au contraire, d'une façon imminente, durant sa crue, celle qui se trouve enfoncée dans l'anse et exposée ainsi à l'action de ses eaux qui tendent toujours à y pénétrer plus avant, et en dévaster les bords, soit par des éboulis qui les rongent et les reculent de plus en plus, soit par des crevasses qui donnent entrée aux eaux du fleuve dans les terres où elles se répandent en peu de tems et qu'elles couvrent au loin, jusqu'à ce qu'une corvée générale de huit à dix lieues à la ronde ait pu venir à bout de réparer la brèche faite par le fleuve, et de le renfermer dans son lit.

De là résulte qu'on est astreint dans les habitations des anses, à des travaux et entretiens de levées sur les bords du fleuve, beaucoup plus pénibles et plus considérables que ceux faits en tout autre endroit, sur ces mêmes bords, et que ses terres y étant plus humides, exigent aussi plus de fossés d'écoulement, plus de sarclaisons, et plus de labour de toute espèce que les autres terres. Ces soins et ces travaux divers sont même quelquefois si excessifs et si onéreux, qu'on a vu des propriétaires obligés enfin d'abandonner leurs terres des anses au Domaine royal, dans l'impossibilité où ils étaient de les entretenir et d'en tirer parti. Nous en avons un exemple bien apparent dans cette étendue de côte qui prend à environ deux lieues et demie de la ville et du même bord, depuis l'habitation Maccarty, jusqu'à l'habitation Beaulieu, dont les propriétaires ont fait abandon au Domaine, espace totalement en friche, et par où le fleuve, au mois de mai 1799, pénétra

pénétra dans l'intérieur, et inonda une vaste portion de terre, à partir de là jusqu'aux environs de la Nouvelle-Orléans; inondation dont les suites furent fatales à cette ville; en ce que les eaux stagnantes que le fleuve avait jetées dans les terres basses qui l'avoisinent, échauffées et corrompues par les chaleurs des mois suivans, répandirent dans l'air des miasmes méphitiques qui contribuèrent beaucoup, au dire de plusieurs personnes instruites de la constitution du pays, au développement des fièvres malignes et putrides qui eurent lieu en cette ville, du mois de juillet au mois d'octobre de cette même année.

Toutes ces causes réunies jètent un grand discrédit sur les terres des anses, au point que le prix de celles des battures est généralement le double et quelquefois le triple de celui affecté, d'ordinaire aux premières. Et comme les unes sont, à-peu-près, opposées aux autres sur le fleuve, il s'ensuit que telle terre, d'un côté, vaudra mille à douze cens piastres l'arpent de face, sur toute la profondeur du local qui est de quarante arpens, tandis que celle qui est vis-à-vis, de l'autre bord, ne vaudra pas au-delà de quatre à cinq cens piastres l'arpent de même étendue, la première étant sur la batture et l'autre dans l'anse.

J'observerai, en outre, que la rive gauche du fleuve est, en général, mieux établie que la droite, jusqu'à une distance considérable du chef-lieu ; parce que les terres y sont communément plus hautes, moins inondées, et plus susceptibles de culture, que sur l'autre rive ; et en outre, parce que la Nouvelle-Orléans, seul entrepôt de commerce de cette Colonie, étant de ce même bord, y a répandu plus d'activité : et c'est en raison de toutes ces causes, (plus ou moins), que la valeur de ces mêmes terres, excède celle de la la rive opposée.

Le terrein défriché sur les bords du Missisipi, ne s'étend guère au-delà de quinze à vingt arpens, et en bien des endroits il est beaucoup plus circonscrit. Au bout du défriché est, de part et d'autre du fleuve, le bois, consistant en diverses espèces d'arbres dont quelques-uns sont bons pour le chauffage, et d'autres ne sont propres à rien; à la suite desquels, et dans l'enfoncement du bois, viennent les cypres ou cyprès, seuls arbres qu'on puisse employer à la construction, qui commencent à devenir rares dans une partie de la Colonie, et qui ne croissent que dans les cantons bas, marécageux, et offrant à la culture des obstacles presque insurmontables.

Les travaux ordinaires d'une habitation des bords du fleuve, consistent dans l'entretien d'une levée, objet qui, suivant ce que nous avons déjà exposé à cet égard, est peu de chose en certain lieu et beaucoup en tel autre, dans celui des fossés d'écoulement et des clôtures, dans les labours, qui s'y font à la charrue (ainsi qu'en tous les autres cantons de la Colonie) dans les plantations, les sarclaisons et les récoltes. Les habitations des Atacapas et Opéloussas, comme celles de la Haute-Louisiane, ont de moins que les premières, au nombre de leurs travaux, la formation et l'entretien des levées et des fossés d'écoulement dont leur position et la nature de leur sol les dispensent.

Au sujet des clôtures qui environnent les plantations, il est à observer qu'elles ne sont point composées de haies vives, dont l'usage est inconnu ici, mais d'ais de cypre posés transversalement, et qui portent sur des pieux du même bois, assurés, en terre, à la distance de huit à neuf pieds les uns des autres, sur quatre à cinq pieds de hauteur, et percés à l'effet de recevoir les bouts des ais qui s'y joignent en quatre ou cinq rangées; entourage assez défensif, il est vrai, contre les grands animaux sauvages et domestiques, mais que l'homme franchit d'un élan, et, d'ailleurs, triste à l'œil, auquel il n'offre ni l'impénétrable rempart ni le champêtre aspect d'une haie verdoyante, épineuse, et touffue.

CHAPITRE XVIII.

Commerce du pays, et ses résultats.

Relativement à ce qui concerne le commerce de la Colonie, nous observerons, en premier lieu, que, depuis le commencement de la guerre maritime qui vient enfin de se terminer, c'est-à-dire, depuis environ neuf années, ce commerce est totalement entre les mains des Américains, qui en ont partagé le bénéfice avec les Anglais dont ils sont les facteurs ou les agens. Avant cette guerre, la France embrassait une grande partie du commerce de cette Colonie, moins considérable qu'à présent, soit directement, par la voie d'un petit nombre de navires expédiés de quelques-uns de ses ports, sous pavillon et commission espagnole, soit indirectement, par celle de plusieurs bâteaux qui s'expédiaient d'ici pour divers ports des Colonies françaises, et notamment de St.-Domingue, avec des productions du pays et de l'argent, et qui en revenaient chargés de marchandises françaises, et de denrées de ces Colonies, comme sucre, sirop, tafia et café. La guerre a fait cesser toutes ces premières relations, et y a substitué, comme on vient de le dire, celles des Américains, qui ont porté ici tout ce dont la Colonie pouvait avoir besoin (et même un excédent assez considérable, et qui, par des voies particulières, a trouvé un débouché, singulièrement avantageux, dans quelques autres possessions espagnoles), et en ont pris, en retour, et pour balance de commerce, les productions ainsi qne le numéraire qui est toujours assez rare ici par cette raison, malgré tout celui qui s'y introduit annuellement, soit par la voie du gouvernement, soit par celle du commerce espagnol, au point que l'intérêt de l'argent y est couramment, à douze pour cent par an, avec de bonnes sûretés, sans qu'on puisse y attacher le mot d'usure.

Il est à présumer que la paix va changer cet ordre de choses, et le remplacer par un autre, dont les commerçans Américains et leurs agens français établis à la Nouvelle-Orléans, ainsi que bien des Colons, commencent déjà à s'inquiéter par avance. Il est vrai que les uns et les autres se remettent un peu de leur crainte, à cet égard, en songeant que la libre navigation, sur le Mississipi, étant, par des traités, assurée au pavillon Américain, ainsi que le droit d'entrepôt (à cause de leurs possessions dès Natchez, et d'ailleurs), il sera loisible aux batimens de cette nation qui navigueront sur ce fleuve, d'y entretenir un commerce d'autant plus avantageux à leurs armateurs d'une part, et aux Colons de l'autre, qu'il sera interlope, et par conséquent, exempt des droits de douane, qui accroissent la valeur des marchandises d'entrée et de sortie, sans qu'il soit possible au Gouvernement du lieu d'y mettre empêchement; de sorte que leurs principaux fonctionnaires trouveront moins pénible et plus avantageux pour eux, d'y prêter la main, que de s'y opposer, et aimeront mieux prendre leur part du gâteau, que de n'en rien tirer, comme cela se pratiquait rondement, avant la guerre de 1778, avec les Anglais, du tems qu'ils possédaient Pensacole, ainsi que divers postes dans le haut du Mississipi.

C'est ainsi que l'avenir se présente à l'esprit du commerçant et du colon, qui ne voient rien de plus que leurs intérêts, et qui jugent du futur par le passé. Et c'est ce que nous ne devons pas taire, puisque nous nous sommes proposés de ne rien omettre, d'important ou de caractéristique, dans cette description fidèle, quoique sommaire, du pays, objet de notre examen. Quand à ce qui résultera de la paix, pour ce qui est relatif au commerce de la Colonie, comme cet intérêt commercial n'est qu'un objet du second ordre, et dépendant lui-même d'événemens majeurs et de plus haute importance, il n'est guère possible de rien prévoir, d'une manière probable, au sujet de pareils résultats, sur-tout avant le développement des nouvelles bases publiques et du nouvel ordre de choses, que doit amener la paix générale de l'Europe.

Voyons maintenant quelle est la masse des productions fournies au commerce, et qu'elle en peut être la valeur, à l'époque présente.

Sans me rapporter positivement au prétendu produit du droit imposé sur les denrées exportées de la Colonie, dont les résultats, très-embrouillés et très-fautifs en divers points, n'ont pu me servir que de simple apperçu dans l'évaluation que j'ai faite de la totalité de ces mêmes productions; parmi lesquelles il ne faut pas comprendre celles qui appartiennent aux possessions des États-Unis, qu'on transporte à la Nouvelle-Orléans, comme en un lieu d'entrepôt, pour être enlevées par les bâtimens qui s'y rendent, (telles entr'autres, que les farines, les salaisons, et autres objets provenant du Kentuckey, du territoire du Nord-Ouest, et du haut de l'Ohio, ainsi que les cotons du Natchez et des pays adjacens) j'estime, après un examen réfléchi de cet objet, que la masse des productions de la Colonie, qui en ont été exportées et ont servi à alimenter son commerce, durant le cours de l'année 1801, a été d'environ quatre millions pesant de sucre brut, très-peu de sirop; denx millions pesant de coton, avec une médiocre quantité d'indigo, de tabac, et de bois de charpente et de tonnellerie; à quoi il faut ajouter quelques pelleteries, et que la valeur totale de ces productions au prix actuel, peut se monter à environ un million de piastres, ou un peu plus de cinq millions de livres tournois, dont près de trois cens mille piastres pour le seul produit du sucre et du sirop, environ cinq cens mille piastres pour celui du coton, et le reste pour celui des autres objets ci-dessus mentionnés. Comme on voit, ce n'est pas là grand'chose, eu égard à l'étendue de la Colonie, en la circonscrivant même dans les cinq cens lieues de surface habitable que, suivant notre estime, elle peut contenir.

C'est ici le lieu d'observer que le commerce de cette Colonie, est alimenté et soutenu par une vingtaine de bâtimens, un peu plus ou un peu moins, suivant les circonstances, expédiés sous pavillon américain, de divers ports d'Europe et d'Amérique, chacun de cent à deux cens-cinquante tonneaux, en général, qui garnissent habituellement la rade de la Nouvelle-Orléans, les uns faisant place aux autres : lequel nombre de navires suffit tellement au commerce de la colonie, que la valeur de leurs exportations n'égalant pas, à beaucoup près, celle de leurs importations, ils prennent, en acquitement de l'excédent, une partie du numéraire que le gouvernement espagnol répand, chaque année, en cette Colonie, ainsi que nous l'avons déjà dit. D'où il résulte visiblement que la balance du commerce est au désavantage de ce

pays

pays, qui ne peut la soutenir qu'en sacrifiant sans cesse une portion de son numéraire, genre de richesse d'autant plus précaire en cette contrée, qu'elle-même le reçoit, d'ailleurs, gratuitement et sans compensation quelconque, et peut, tôt ou tard, être privée entièrement de cette ressource casuelle par des causes diverses et dont la possibilité n'est que trop démontrée.

Il est à remarquer de plus, qu'il n'existe point de négocians, à proprement parler, en cette Colonie, mais de simples marchands vendant tout en détail, ainsi que le plus mince boutiquier; beaucoup d'entr'eux n'étant même que des facteurs, des commissionnaires, et tous si peu en état et si peu disposés, d'ailleurs, à faire la moindre avance aux habitans, ainsi que cela se pratique dans les autres Colonies, qu'ici, pour tout dire enfin, par un renversement de l'ordre colonial, ce n'est point l'habitant, qui, en général, doit aux commerçans, c'est au contraire ce dernier qui doit au premier, dont il achète souvent les denrées à crédit, pour les placer ensuite à son avantage.

CHAPITRE XIX.

Population des parties inférieures et supérieures de la Colonie.

Nous voici rendus à la population de la Colonie. Commençons par celle de sa partie principale, formant la Basse-Louisiane, proprement dite, et la Floride occidentale, à prendre, comme nous l'avons précédemment énoncé, du trente-unième degré de latitude septentrionale, jusqu'aux bords du golfe du Mexique, et du soixante-huitième au soixante-dix-huitième degré de longitude occidentale de l'île de Fer.

Je pense que le nombre des individus que contient cet espace, ainsi déterminé, (non-compris quelques peuplades sauvages, restes des anciens naturels du pays, existantes encore sur divers points isolés de cette partie de la Colonie) ne va pas au-delà de soixante mille, dont vingt-six à vingt-sept mille blancs, cinq à six mille affranchis, noirs ou de couleur, et vingt-huit mille esclaves. Ce qui fait, par rapport à l'étendue totale de la superficie, qui est d'environ quatre mille lieues, à-peu-près quinze individus par lieue quarrée, et, en raison seulement du terrein habité et habitable, approprié aux Colons (lequel je présume être de cinq cens lieues) cent-vingt individus, par même lieue quarrée. Et, par conséquent, en supposant que le nombre de mille individus est la mesure commune de la population que peut comporter une lieue, en tout sens, de pays habité, il s'ensuit que cette partie de la Colonie, qui en compose, quant aux établissemens et à la population, la presque-totalité, ne possède encore pas la huitième partie seulement des individus que comporte, je ne dis point son espace intégrant, mais uniquement l'étendue de son sol, propre à être habitée et cultivée.

Cette population de soixante-mille ames, est répartie ainsi qu'il suit, savoir ; trente-deux mille sur les bords du fleuve, (dont environ dix mille au chef-lieu, et vingt-deux mille dans les campagnes), six mille au canton de la Fourche, douze mille en ceux des Atacapas et Opéloussas, six mille aux établissemens du Bayou-Sara, des Avoyelles, du Natchitoche et du Ouachita, et quatre mille aux environs des lacs de Pontchartrain et Barataria, et sur les bords du golfe du Mexique.

Pour donner une idée précise de cette population ainsi répartie, je vais rapporter la note que je me suis procurée, aussi exacte qu'il m'a été possible de l'avoir, relativement à la population et à l'étendue de la paroisse St. Charles-des-Allemands, commençant à environ six lieues au-dessus de la ville ; cette note rédigée depuis peu, et se rapportant à la fin de l'année 1801. A cette date, la population de cette paroisse (qui est le canton le plus florissant des bords du fleuve, à la réserve de celui de la Pointe-Coupée), se montait à deux mille trois cens quarante individus de tout état, tout sexe, et tout âge, dont six cens cinquante blancs, soixante-cinq affranchis, et seize cens vingt-cinq esclaves. La longueur totale de cette paroisse, mesurée dans son étendue, sur les deux bords du fleuve, est de vingt-trois mille trois cents vingt-sept toises, dont la moitié, prise pour mesure moyenne de la longueur de chaque bord, donne un résultat d'un peu plus de cinq lieues, à raison de deux mille deux cens quatre-vingt-deux toises un tiers, la lieue de vingt-cinq au dégré, et non de deux mille cinq cens vingt toises, comme on l'estime ici vulgairement. Or, donnant, à-peu-près, une demi-lieue de profondeur habitable à chaque bord, et par conséquent une lieue de largeur sur un peu au-delà de cinq lieues de longueur à cette paroisse, il s'ensuit qu'elle n'était peuplée, au tems mentionné, que de quatre-cens cinquante individus par lieue quarrée ; et elle est, certainement, en proportion de son étendue, une des mieux habitées de la Colonie, dont diverses autres parties sont presque désertes. D'après cela, qu'on juge du reste.

Pour ce qui est de la population de la Haute-Louisiane, circonscrite dans les trois postes des Arkansas, de la Nouvelle-Madrid, et des Illinois, je crois qu'elle n'excède point dix mille individus.

Les blancs de la Colonie sont, les Créoles du lieu, qui en forment la majeure partie, et un mélange de Français, d'Espagnols, d'Anglais, d'Allemands, d'Américains, etc.

Les affranchis sont, des nègres et des mulâtres qui ont obtenu ou acheté leur liberté, et leur enfans qui la tiennent d'eux par droit de naissance.

Les esclaves sont, en partie, des nègres ou mulâtres nés dans la Colonie, et, le reste, des noirs seulement qui ont été achetés en Guinée ou ailleurs, transportés et vendus en ce pays.

Je ne dirai rien ici du physique et du moral, non-plus que des occupations des uns et des autres, me réservant d'en parler, lorsque je ferai mention des mœurs et des usages du pays.

CHAPITRE XX.

Gouvernement.

Le Gouvernement de la Colonie a pour chef un officier, gouverneur-général, civil, politique et militaire des provinces de Louisiane et Floride occidentale. Tel est son titre. Il a sous lui, pour l'aider en ses fonctions, un lieutenant-gouverneur, civil et politique, et auditeur des guerres. Tout ce qui concerne privativement le gouvernement intérieur de la Colonie, sous les trois points de vue ci-dessus indiqués, est du ressort de sa place, et soumis à sa direction, d'après les réglemens établis et émanés du conseil privé du Roi. Il peut rendre des ordonnances, en ce qui est de sa compétence, et les faire exécuter provisoirement, en attendant la sanction de la Cour.

Malgré ce qu'en disent quelques anciens Colons, peu satisfaits de la nouvelle domination, et à consulter tous ceux d'entr'eux exempts d'humeur et de partialité, ce gouvernement, quoique revêtu d'un grand pouvoir, n'exerce point dans cette Colonie une autorité abusive, et même a toujours été assez modéré, si l'on excepte les premières années de la domination espagnole, qu'ont signalé des actes arbitraires, tyranniques, et cruels, et quelques circonstances orageuses, où, d'une part, la conduite imprudente de divers Colons, et d'une autre, la défiance extrême du Gouverneur-général, suscitèrent des troubles, occasionnèrent des abus d'autorité, et firent prendre à ce Gouverneur des mesures violentes qui, heureusement, ne furent qu'ébauchées et non effectuées, grâce à la prudence et à la fermeté de quelques citoyens, qui donnèrent lieu à des éclaircissemens favorables à la tranquillité publique et à la sûreté coloniale, et à un rapprochement sincère ou politique entre le Gouverneur-général et les Colons, qui fut la suite de ces mêmes éclaircissemens.

CHAPITRE XXI.

Administration domaniale, fiscale, et commerciale.

L'ADMINISTRATEUR en chef des finances, est Intendant des revenus royaux pour les provinces de Louisiane et Floride occidentale, Inspecteur des terres et possessions du domaine, Juge enfin d'amirauté et des affaires commerciales de ces provinces.

Cette administration fiscale, domaniale, et commerciale, pèse encore moins, à bien dire, sur les Colons, que le Gouvernement civil et militaire, soit par la valeur des impositions qui sont très-modérées, soit de la manière dont elles sont perçues au bureau de la douane, en un droit simple et unique d'entrée et de sortie des productions étrangères et coloniales, qui ne s'élève à-peu-près qu'à cent mille piastres par an, recette tellement insuffisante pour équivaloir aux dépenses de cette Colonie, que le Roi affecte, en outre, une somme de quatre à cinq cens mille piastres chaque année, sur les revenus du Mexique, au service de cette Colonie, afin

afin de balancer et acquitter le montant de ces mêmes dépenses.

Au reste, on aura lieu de s'étonner qu'une Colonie, dont les produits sont encore si modiques, exige une somme aussi considérable que celle de cinq à six cens mille piastres, pour son entretien annuel, c'est-à-dire, près de la moitié de ce qui suffisait à celle de Saint-Domingue, en son plus grand état de splendeur, sous l'administration fiscale de M. de Marbois, dans les années 1788 et 1789. Mais la réponse à cela est toute prête de la part des agens du fisc et de leurs adhérens en cette Colonie, et la voici : c'est qu'une telle dépense, toute considérable qu'elle paraisse être, au premier coup-d'œil, est néanmoins peu de chose, en raison de l'étendue des frontières au maintien desquelles est consacrée une grande partie de cette dépense. Et qu'est-ce, en effet, suivant eux, que l'emploi de quelques centaines de mille piastres affectées à l'entretien et au bon état d'un front de limites aussi vaste, aussi étendu, que l'est le cordon de la Haute et Basse-Louisiane et de la Floride occidentale ? Ce n'est pas même, à beaucoup près, une piastre par lieue de terre à conserver ; et certes, le Gouvernement espagnol n'a point à se récrier sur une dépense aussi bornée en comparaison de l'immensité du sol dont elle lui assure la propriété, et n'a qu'à se louer, au contraire, de l'extrême modération de ses agens. A ce compte, là, rien de mieux. Mais il faut tout dire aussi, et en cela, comme en tout le reste, exposer le pour et le contre.

En conséquence, nous ne tairons pas que ce vaste et immense cordon de frontières n'est défendu, dans toute son étendue, depuis les Apalaches jusqu'aux Illinois, que par sept postes militaires, indépendamment du chef-lieu, et par un petit nombre de galères; que le tout n'occupe pas au-delà de deux mille hommes effectifs, et qu'on puisse dire être employés réellement au service militaire; et qu'en outre, ni ces postes, ni ces galères ne présentent un appareil de défense tant soit peu imposant, les uns et les autres offrant, du reste, à leurs commandans, des ressources d'agiotage et de commerce, plutôt que des occasions de signaler leurs talens militaires ou nautiques. Aussi n'est-il pas d'officier, entâché de l'esprit d'intérêt et âpre à la curée, s'entend, (car tous ne le sont pas) qui ne brûle et ne soit charmé d'occuper, sur-tout, quelqu'un de ces postes ou espèces de forts, dont le commandement, qui est tout-à-la-fois pour lui un bâton de maréchal et une corne d'abondance, lui procure, au bout de quelques années d'exercice, une fortune solide, et les dons de Plutus au défaut des lauriers de Mars, compensation lucrative à laquelle il se borne.

Il est encore d'autres dépenses attachées à l'entretien de cette Colonie, et notamment une qui semble lui être particulière, celle qui résulte de l'espèce de contribution ou tribut que paye annuellement le Gouvernement espagnol à diverses peuplades sauvages existantes dans l'intérieur de la Colonie, et qui consiste en étoffes grossières, en fusils de chasse, poudre et plomb, en vermillon, et en quelques autre menus objets, dont la totalité se monte, au dire des agens du fisc, à la valeur de quarante mille piastres par année.

CHAPITRE XXII.

Culte public.

RELATIVEMENT au Culte public établi en cette Colonie, on y suit, ou, du moins, on y professe extérieurement la Religion catholique, apostolique, et romaine. Le chef du Clergé est Evêque de la Louisiane et de la Floride occidentale : et vraiment, son diocèse est un des plus étendus qu'il y ait dans les quatre parties du monde, s'il n'est pas un des plus peuplés ; puisqu'indépendamment du vaste territoire qu'occupent les établissemens de la Colonie, il embrasse (au moins, en idée, et dans le sens spirituel) toute cette immense région, encore presqu'inconnue, qui s'enfonce dans l'intérieur du continent, et s'étend, vers le Nord-Ouest du Mississipi, des rives de ce fleuve jusqu'à la côte occidentale de l'Amérique et aux bords de la Mer Pacifique.

Il est bien vrai que les nations sauvages qui habitent ces contrées lointaines où l'Européen n'a pas encore pénétré, n'ont jamais entendu parler de leur père et chef spirituel, et qu'il ne s'est point trouvé, jusqu'à présent, de missionnaire espagnol, assez courageux, assez enflammé du zèle ardent de la propagation de la foi, pour aller répandre dans ce vaste champ, les semences du christianisme, au risque d'y acquérir la palme du martyre. Sur quoi il faut orbserver, d'ailleurs, que ce n'est point là, suivant les apparences, un pays à mines d'or et d'argent, ou qui produise l'émeraude et le diamant, ainsi que les riches contrées du Mexique, du Pérou, et du Brésil, où se sont jetés, avec ferveur, les missionnaires Espagnols et Portugais, pour y arborer fructueusement l'étendart de la croix, et y faire un échange, honnête et désintéressé, des précieux trésors du ciel, dont ils étaient les dispensateurs, pour ces richesses viles et périssables de la terre. On peut bien, à ce prix, hasarder quelque chose, et aller distribuer le pain de vie à des êtres brutes et sauvages, de qui l'on reçoit, en retour, l'or, l'argent et les pierreries, enfouis dans le sein des montagnes ou dispersés dans les sables des torrens, et à qui l'on prépare, à-la-fois, le paradis dans l'autre monde, et l'enfer dans celui-ci, en les menant pieusement du baptême aux mines.

Quoiqu'il en soit, et en attendant que les naturels du Nord-Ouest de l'Amérique, entrent, de gré ou de force, dans le giron de l'Eglise, et qu'on puisse établir des couvens et distribuer des cures en toute cette contrée, l'Evêque de la Louisiane se borne à exercer son ministère dans l'intérieur de la Colonie.

Et comme, aux yeux de tout bon espagnol, le spirituel est autant au-dessus du temporel, que l'ame est au-dessus du corps, et que le cavalier est au-dessus du cheval, il faut bien que les émolumens de l'un surpassent aussi de beaucoup ceux de l'autre. En conséquence de quoi, et par une appréciation juste et modérée, l'Evêque de la Louisiane a quinze mille piastres de revenu fixe, par année, et le Gouverneur-général n'en a que six. Rien de mieux imaginé. Au reste, cela est encore peu de chose, en comparaison du revenu annuel affecté à l'Evêché de la Havanne, et qui se monte à soixante-mille piastres.

Le Clergé, dont l'évêque de la Louisiane est le chef, et qui est attaché au service de cette Colonie, est composé de quelque prêtres séculiers et d'un corps de capucins, qui desservent, en qualité de curés, les paroisses établies dans le pays à une grande distance les unes des autres. Un curé et son vicaire suffisent pour administrer une cure de quinze à vingt lieues d'étendue. On doit inférer de là que leurs fonctions sont très-pénibles, ou le sont bien peu : et, à vue de pays, la dernière conséquence leur est beaucoup plus applicable que la première. Baptiser, marier, enterrer, et dire une ou deux messes par jour, sans perdre presque jamais de vue les cheminées de leur presbytère, voilà jusqu'où s'étendent leurs travaux spirituels. La dévotion de leurs paroissiens n'en exige pas davantage, et leur disposition particulière ne les porte pas à aller plus loin. Pour bien dire, la forme du culte est observée tant bien que mal, et le fond négligé : et, à cet égard, c'est ici comme en bien d'autres endroits et d'autres cas, où la forme emporte le fond. En général, le moine espagnol est ignorant, vicieux, rempli de superstitions; et l'on ne trouve de l'instruction, de la décence, et des mœurs, que dans le petit nombre de prêtres séculiers français, attachés au clergé de cette Colonie, et qui ne sont pas sans en recevoir quelquefois du déboire.

CHAPITRE XXIII.

Ordre judiciaire.

Nous voici maintenant rendus à l'ordre judiciaire et aux gens de justice. Cet article ne sera pas long : et ,ce n'est pourtant pas que la matière soit ingrate , ou (en propres mots) stérile. Au contraire : c'est pour avoir trop à en dire, que nous n'en dirons que peu.

L'ordre judiciaire établi en ce pays , et puisé dans la jurisprudence espagnole, est un vrai cahos, pour un étranger sur-tout , un enchaînement de rapports discordans , une confusion de compétence et de juridiction , une fabrique d'injustices et de partialités, et de plus, un gouffre d'argent pour les malheureux particuliers engagés dans ce tortueux labyrinthe, dont il ne se dépêtrent enfin, après des années d'embarras et de peines , que la bourse vide , et avec un tas de paperasses indéchiffrables , auquel est accolé, assez souvent, un jugement qui n'a ni queue ni tête. Aussi , n'est-il pas , je crois , de pays au monde où l'on craigne autant les procès , que la Louisiane ; au point que, pour

pour les éviter, on en vient, le plus souvent, à un accommodement ou à un arbitrage. Mais cette ressource ne peut être admise en matière de succession. Un père de famille vient-il à décéder après avoir mis tout l'ordre possible à ses affaires? Cet ordre de famille ne convient jamais à l'ordre judiciaire qui, pour que tout aille au mieux, s'empare de la succession, au nez de la veuve, des enfans, et de l'exécuteur testamentaire, s'il y en a un, au moyen d'une apposition de scellés sur tout ce qui en dépend, généralement suivi d'une foule d'autres actes plus dispendieux les uns que les autres, et par les rubriques multipliées des agens de la justice, et par l'extrême lenteur avec laquelle tout cela s'exécute au grand détriment de la succession. En un mot, cette manigance est si forte et devient si onéreuse à tous égards, que le plus processif bas-normand finirait par chanter ici la palinodie, et, d'apôtre zélé de la chicane, en deviendrait, je pense, le mortel ennnemi.

Il s'ensuit de là que l'ordre judiciaire estune mine d'or pour les praticiens de la Nouvelle-Orléans, où sont les seuls tribunaux de justice établis dans la Colonie, et où tout vient aboutir. Juges, assesseurs, procureurs, notaires, etc., tous nagent en grande eau, tous vont à la fortune plus ou moins vîte et en raison de leurs places. Un seul exemple du fait suffira pour le confirmer. Il est mort en cette ville, il y a quelques années, un certain espagnol qui, débarqué en ce pays, pauvre comme Job, mais moins scrupuleux que lui, a su amasser, dans l'état de procureur et en l'espace de huit à dix ans, une fortune vraiment prodigieuse, et qu'il crut devoir légitimer, sans doute, de son vivant et à la décharge de sa conscience, en faisant, à ses frais, quelques fondations charitables et religieuses, qui existent, et qui, entr'autres, sont l'Eglise paroissiale, un accroissement à l'Hôpital public, et un Couvent, que sa mort, arrivée sur ces entrefaites, l'empêcha de faire achever, et qui est demeuré *in statu quo*, parce que sa veuve, héritière de sa fortune, ne l'a point été de ses sentimens pieux à cet égard. Elle a mieux aimé plaider que de faire continuer la bâtisse du couvent; et c'est assez en dire, pour exprimer combien la dépense en eût été considérable. Cette veuve est, dit-on, riche de plus d'un million de piastres, acquis par la profonde habileté de son défunt mari, dans la science ténébreuse de la chicane.

Mais, passerons-nous sous silence le prototype et le coryphée de l'ordre judiciaire en ce pays, ce magistrat amphibie, admis tour-à-tour dans les conseils de Thémis et de Mars, et tenant dans ses mains la balance de l'une et le glaive de l'autre, homme d'épée, homme de robe, et pour tout dire enfin, DON MARIA-NICOLAS VIDAL,

Chavez, Eahavarri de Madrigal, y Valdez, Lieutenant-gouverneur-civil et Auditeur de guerre des provinces de la Louisiane et de la Floride occidentale, Juge etc., etc.? Non certes, il ne faut point oublier de faire ici mention de cet illustre membre de la jurisprudence espagnole. Et même, par un honneur singulier que je lui fais, ce grand personnage est absolument le seul dont le nom et les qualités rares figureront en plein dans cet écrit. Mais, aux grands hommes, les grandes distinctions. Je me suis proposé de ne rien taire, dans cet ouvrage, de ce qui est relatif à la Colonie dont je parle et de nature à être observé, et de peindre, avec véracité, sans fiel et sans flatterie, et le pays et ses habitans, tels qu'ils m'ont paru être. En même tems, je me suis imposé la réserve de n'y nommer personne, et de laisser les masques à deviner, me permettant une censure générale, qui ne dégénère point en satire personnelle. Je ne me suis pas écarté de ce plan jusqu'à présent (si ce n'est à l'égard du personnage insigne que je viens de nommer, par une distinction toute particulière), et continuerai de le suivre pour tout autre.

Serait-il possible, en effet, de laisser dans l'obscurité un mérite aussi éminent et aussi rare que le sien, et de ne pas faire une exception à la règle, en faveur d'un individu de ce genre, digne d'être cité pour modèle à tous les Dandins, présens et futurs, et de toute nation ? Juge au-dessus du commun, l'examen d'une affaire et sa décision sont pour lui un vrai calcul d'arithmétique et de finance, dans lequel il additionne, soustrait, multiplie, et divise, avec une admirable sagacité, les raisons pour et contre, et se détermine infailliblement du côté de celles qui offrent à son esprit, en résultat final, non le quotient le plus exact, mais bien le produit le plus nombreux et sur-tout le plus réel, la multiplication étant toujours, en dernière analyse, sa règle favorite. Zélé partisan du gouvernement monarchique, il lui porte un dévouement si respectueux, si soumis, que l'image du Souverain, imprimée sur une petite plaque métallique, est, à ses yeux, une idole sacrée, et si digne de son hommage, qu'il n'est rien qu'on ne puisse obtenir de lui, au moyen de ce talisman multiplié jusqu'à un certain point.

Trêve enfin d'ironie, et parlons sérieusement d'un homme qui, par ses injustices criantes, par son insatiable passion de l'or, par son immoralité profonde, et par son caractère hautain, brusque, sombre, capricieux, insupportable à tous égards, est généralement honni et détesté, dans le haut poste qu'il occupe et déshonore, et dans lequel il se maintient pourtant depuis nombre d'années, en dépit de l'opinion publique, si fortement, si énergiquement prononcée contre lui, que son nom n'est presque jamais décliné dans un cercle privé, sans qu'il ne soit accompagné de quelqu'épithète expressive, et qui peint ou l'indignation la plus vive ou le plus profond mépris. Pour lui tout est vénal, et la conscience et l'honneur sont des mots vides de sens. Combien d'actes d'injustice et de rapacité ne lui attribue-t-on pas? De combien de malheureuses familles n'a-t-il pas énervé les ressources, et épuisé la substance? Homme aussi vicieux que magistrat inique, à la face de ses compatriotes à bon droit scandalisés de sa manière de vivre, et dans une place où il devrait donner aux autres l'exemple des bonnes mœurs, ce vieux débauché, à mine de singe, aussi laid qu'impudique et méchant, et croupi dans le célibat, ne vit-il pas ouvertement avec une mulâtresse française qu'il a enrichie d'une partie de ses rapines? Mais laissons-là ce misérable, et essuyons notre plume que nous avons salie à le dépeindre.

Voilà donc, en abrégé, l'état de l'ordre judiciaire, en cette Colonie, et celui de ses suppôts.

CHAPITRE XXIV.

Police générale et particulière.

QUANT à la police exercée en ce pays, en vérité c'est une pitié, et la chose publique en souffre de plus d'une manière. Le *très-illustre* Cabilde, (c'est ainsi qu'il se qualifie lui-même) présidé par le Gouverneur-général ou par son Lieutenant-civil, est une espèce de corps municipal, composé de douze membres appelés régidors ou régisseurs, et qui se rassemblent et tiennent séance une fois par semaine, et durant l'espace de trois heures, au plus.

Les fonctions de ce corps semblent être appliquées à tout ce qui peut intéresser le bon ordre et la tranquillité intérieure de la Colonie : et par conséquent, tout ce qui est du ressort de la police générale et particulière devrait être l'objet de ses veilles et de ses sollicitudes. Mais, à proprement parler, cette assemblée, dont les augustes membres ne sont que de simples bourgeois, qui ont acheté, pour quelques centaines de piastres, l'honneur de siéger au Cabilde, à côté de M. le Gouverneur, sans autres vues, et sans autres prétentions quelconques au-dessus de leur capacité, cette assemblée, dis-je, ainsi composée, n'est qu'un objet d'appareil, un franc simulacre de ce qui devrait être et qui n'est pas, un corps sans ame, qui ne reçoit d'autre impulsion que celle à lui communiquée par le Gouverneur, et, pour tout dire enfin, une cinquième roue à un carosse. C'est d'après cette impulsion que ce corps nomme, à la fin de chaque année, et pour l'année suivante, un Procureur-syndic et deux Alcades, pris tour-à-tour parmi les bourgeois de la ville ou habitans de l'arrondissement, Espagnols et Français. Le Procureur-syndic est chargé de faire part au Cabilde de ses observations et de ses remontrances au sujet de la chose publique, fonctions dont il s'acquitte d'ordinaire avec autant de dignité et de lumière qu'on peut raisonnablement en attendre d'un individu bien plus habile à manier une aune, ou à calculer le produit d'un intérêt particulier de vingt pour cent, qu'à discuter les intérêts généraux d'un pays ; et les deux Alcades sont commis au maintien de la police de la ville, et autorisés à juger les contestations, et autres matières litigieuses qui se portent à leur tribunal ; mais ce, d'après l'avis, rédigé par écrit, d'un homme de loi, toujours Espagnol, nommé Assesseur, auquel avis M. le bourgeois Alcade, juge de nouvelle espèce, est obligé de se conformer pleinement et aveuglément, sous sa responsabilité personnelle, et aux risques d'être pris à partie, s'il veut s'en écarter et agir de son chef. Il est donc visible que MM. les Alcades annuels, tirés du fond de leurs boutiques ou magasins, pour être mis à la tête de leurs concitoyens, avec tout l'appareil du pouvoir dont ils sont revêtus, ne peuvent être et ne sont réellement que des mannequins exposés, pour parade, aux yeux du peuple, et que les vrais juges de toutes les affaires qui viennent à leur tribunal, sont les Assesseurs ou Conseillers de justice espagnols, dont les simples avis sont pour eux des sentences, et qui, cachés derrière le rideau, font mouvoir et agir ces vénérables pantins. Finalement, eux ainsi que la plupart de leurs dignes collègues et magistrats de nouvelle fabrique, en leur état d'emprunt et avec leur habit noir et leur épée, me font rappeler du fameux Gouverneur de l'île Barataria, juges aussi ignorans, mais moins sensés et sur-tout moins modestes que lui. Il y a, dans tout cela, de la part du Gouvernement espagnol, une politique secrète qui ne peut se dérober aux yeux de quelques observateurs, et demeure enveloppée pour tout le reste, une véritable momerie, et rien de plus.

La force coërcitive, qui doit être l'instrument et l'appui de la police, n'existe point ici, d'une manière, au moins, spéciale. On n'y a pas encore établi, comme ailleurs, de corps militaire destiné

privativement

privativement au maintien du bon ordre et de la sûreté publique. Seulement quelques patrouilles de soldats et bourgeois, en ville, et d'habitans dans les campagnes, ont été jusqu'à présent employées à cet objet essentiel, dont les uns et les autres ne s'occupent que très-négligemment, à bâtons rompus, et comme n'y étant pas astreints et engagés par état. Aussi, dans un pays, comme celui-ci, dont la faible population ne devrait point offrir les abus résultans ailleurs d'une population nombreuse, et où chaque propriétaire a le droit d'exercer jusqu'à certain point, dans son domicile et sur les êtres qui lui sont soumis, une police particulière et propre à les contenir dans l'ordre, il se commet quelquefois des crimes affreux qui naissent d'une foule de désordres inhérens au défaut de police générale.

Aux coins de presque tous les carrefours de la ville et du faubourg, on ne voit que des cabarets sans cesse ouverts, où la canaille blanche et noire, libre et esclave, indistinctement mêlée ensemble, va porter le fruit de ses filouteries et se gorger de liqueurs fortes; et non loin de là, d'obscurs tripôts, de sales tabagies, où le père, d'un côté, et le fils, de l'autre, vont, sans mistère et sans gêne, ainsi que sans honte, se livrer à la passion du jeu, et écorner, plus ou moins, leurs médiocres ressources; ou bien, se ravaler et danser confusément, et durant des nuits entières, avec un tas d'hommes et de femmes de couleur safranée ou tout-à-fait noirs, soit libres, soit esclaves. Osera-t-on me nier ce fait? Je désignerai seulement, à l'appui de ce que j'avance, (et pour n'en pas dire plus) la fameuse maison Coquet, située presque au centre de la ville, où tout ce tripotage a lieu publiquement, et depuis plusieurs années; au point que les bals tricolores, qui s'y donnent, (sans parler du jeu, qui y est seulement un peu plus couvert) ne sont nullement clandestins, et que j'en ai vu plusieurs fois les annonces imprimées et affichées au coin des rues, avec permission expresse de M. le Gouverneur-civil (Don Maria-Nicolas Vidal), dont je vous ai déjà fait l'honorable mention, à laquelle je me réfère.

Les boulangers et autres monopoleurs, d'accord, sans doute, avec les préposés au maintien de la police, font des accaparemens de farines de toute qualité, qui arrivent par le fleuve, au printems, du Kentukey et des cantons voisins, qui leur coûtent, en gros, de quatre à six piastres le baril, et qu'ils revendent, en détail, quelques mois après, le double de ce prix. Les premiers, sur-tout, poussant l'impudence plus loin, vendent et débitent effrontément du pain, composé de ces farines mélangées, et qui ne pèse, tout au plus, que les deux tiers du poids déterminé par le tarif du lieu, et inséré même dans la feuille publique. En sorte qu'à présent, par exemple, où ce tarif fixe le pain d'un escalin ou douze sols et demi tournois à quarante-six onces, ce même pain, vendu au public par le boulanger, ne pèse réellement qu'environ vingt-huit onces. Il n'est donc pas étonnant que ces gens-là fassent, ici, de promptes fortunes, aux dépens du tiers et du quart, ainsi que les bouchers, les cabaretiers etc., tous soutenus ouvertement par les agens de police dont (bien entendu) ces larrons privilégiés ont soin de graisser la patte.

Dans les campagnes, ces mêmes abus n'existent pas comme en ville, ou du moins, n'y sont point, à beaucoup près, aussi fréquens ; et, à la réserve de quelques bouchons ou mauvais billards jetés, de loin en loin, le long des deux rives du fleuve, et dans les cantons qui en sont séparés, où vont se rassembler quelques habitans et ouvriers, les jours de fêtes, les uns pour y jouer, les autres pour s'y griser, on n'y trouve pas les mêmes occasions de se déranger que dans la ville. Il s'y commet pourtant, de fois à autre, quelques vols, quelques assassinats mêmes, et notamment dans les établissemens éloignés, où se réfugient beaucoup de mauvais sujets qui y sont moins surveillés qu'ailleurs.

CHAPITRE XXV.

Mœurs et usages. Observations sur les hommes qui habitent cette contrée.

L'HOMME, vrai caméléon, se présente ici à l'œil de l'observateur sous des points de vue si variés, tant au moral qu'au physique, et sous des couleurs si diverses, en l'un et l'autre sens, qu'il est assez difficile de le représenter fidèlement. Enfin, je ferai mon possible à ce sujet, et, passant tour-à-tour, en revue, le rouge, le blanc, le noir, je vais commencer ce tableau par la peinture des sauvages ou naturels du pays, qui, sur leur terre natale, ont bien le droit de figurer (en peinture du moins) avant les étrangers qui sont venus se mêler parmi eux.

Il existe en cette contrée quatre espèces d'hommes, ou, plutôt, quatre variétés de l'espèce humaine, composées de blancs, de mulâtres ou métis, de nègres, et de naturels du pays ; les trois premières soumises au gouvernement espagnol et formant la masse des colons, la dernière indépendante de ce gouvernement et ne reconnaissant que leurs propres chefs.

Commençons notre description par celle de ces hommes de la nature, les premiers en date en ce pays dont ils sont indigênes, et comme étant d'ailleurs un objet isolé dont il faut s'occuper avant d'en venir à ceux qui ont une connexion entre eux, ainsi que des rapports immédiats avec le reste de cet ouvrage.

Des diverses nations, ou pour mieux dire peuplades sauvages établies dans ce pays et dans les lieux adjacens, les principales, ou, du moins, celles qui ont le plus de liaisons avec la Colonie, par le voisinage de leur résidence, et par tout autre rapport quelconqne, sont les Chis, les Osages, les Arkansas, les Tonicas, les Toumachas, vers le haut du fleuve, les Oumas, les Bayagoulas, les Poutoucsis, et principalement les Chactas ou Tchactas, au-dessous des premiers et dans les vastes cantons qui avoisinent la partie inférieure de la Colonie, les Alibamons, les Mobiliens et les Talapousses, en diverses parties de la Floride occidentale et vers les bords du golfe du Mexique. La manière dont ces hommes se conduisent entre eux, et les liens sociaux qui les unissent les uns aux autres, (car, à strictement parler, ils sont barbares, dans le sens figuré qu'on applique à ce mot, et non sauvages), ne peuvent être assimilés et comparés à nulle forme de gouvernement connu. Et s'il en est un duquel leur régime social puisse offrir une espèce d'image, c'est celui des anciens Germains, avant que les Romains les eussent soumis et civilisés. Les vieillards et principaux péres de famille sont plutôt leurs mentors que leurs chefs, et les conduisent bien moins par la voie de l'autorité que par celle de la persuasion. En cas de guerre, ils suivent volontairement des chefs militaires auxquels ils sont subordonnés jusqu'à un certain point, durant le cours de l'expédition, non par l'effet d'une obéissance aveugle et purement passive, mais par une volonté libre et par un assentiment commun qui résultent de la confiance qu'ils mettent en sa capacité et ses talens, ainsi que de la nécessité où ils sont alors d'être réunis et d'agir de concert, pour ne point échouer dans leurs opérations. Au reste, la loi du talion est la base fondamentale du code politique, civil, et criminel, de ces diverses peuplades; et elles l'exercent rigoureusement entr'elles, de nation à nation, de famille à famille, et d'individu à individu.

Leurs chefs-lieux de résidence, sont des espèces de hameaux ou assemblages confus de cabanes élevées sans soins et sans art. Une partie d'entre eux y réside ; d'autres établissent leur manoir sur quelques coins de terres qu'ils cultivent superficiellement ; d'autres enfin errent dans les forêts, occupés à la chasse qui est la passion favorite de ces peuplades. Mais leurs points de ralliement sont toujours ces hameaux dont je viens de parler.

Le langage Mobilien est la langue-mère d'où dérivent les différens dialectes qu'emploient ces peuplades diverses, et au moyen de laquelle toutes peuvent s'entendre et se correspondre. Quoique la plupart des mots dont ces dialectes sont composés, étant entre-mêlés de voyelles, et n'abondant point en consonnes redoublées, ne soient pas rudes à l'oreille, ils semblent pourtant l'être, dans la bouche des sauvages, par un effet de leur prononciation sourde, inarticulée, et gutturale. Quant aux vocabulaires ou collections de mots isolés de ces dialectes, qui ont été, jusqu'à ce jour, publiés en français, anglais, espagnol, etc., tout ce que j'en puis dire de plus positif, est qu'il n'y faut ajouter presqu'aucune créance ni considération quelconque, attendu que la manière dont ces mots sont prononcés, et par conséquent écrits, dans chaque langue européenne, est différente l'une de l'autre, et s'écarte, plus ou moins, de la véritable prononciation, et qu'à bien dire un pareil répertoire de mots vagues et décousus, n'est que l'aliment d'une vaine curiosité, loin d'être un objet d'utilité réelle.

On voit errer dans la Colonie et se rassembler en foule dans la ville et ses environs, durant l'hiver, diverses bandes de ces naturels du pays, distinctes et séparées entr'elles, suivant les peuplades à qui elles appartiennent. Ces hordes variées de sauvages se rendent, en cette saison, au chef-lieu de la Colonie, pour y recevoir du Gouvernement espagnol les dons qu'il leur fait annuellement, en témoignage d'union et de bonne intelligence, et qui consistent, ainsi que nous l'avons déjà dit, en quelques effets de peu de valeur, couvertures de laine sur-tout, en fusils de chasse, poudre et plomb, en vermillon, et autres menus objets. Chaque bande a son cantonnement au dehors de la ville, dans la campagne, composé de petites huttes, couvertes de quelques peaux d'ours et de chevreuil ou de feuilles d'un arbuste nommé Latanier, qu'elle élève sans beaucoup de peine, et si négligemment construites, qu'elles ne mettent qu'en partie ces êtres grossiers, ces brutes enfans de la nature, à l'abri des injures de l'air. Pendant le jour, les uns et les autres se répandent dans la ville et dans les habitations, et le soir, ils retournent à leur campement, hommes, femmes et enfans. Leur occupation ordinaire, ou plutôt celles des femmes, en ce tems-là, consiste à faire de petits ouvrages de joncs, roseaux, ou feuilles de Latanier, propres aux besoins domestiques, tels que paniers, corbeilles, vans, cribles, etc., qu'ils vendent aux Colons. Les hommes tuent quelques petites pièces de gibier, boivent du tafia dont il sont très-avides, ou restent à ne rien faire, accroupis près d'un petit boucan ou

au

au soleil, s'il fait froid, et à l'ombre, si le tems est doux. Les vêtemens communs des hommes et des femmes, consistent en une couverture de laine jettée sur leurs épaules et dont ils s'enveloppent, et en un morceau de grosse étoffe, dont les hommes se couvrent seulement le haut des cuisses, et dont les femmes se font une espèce de jupe courte, qui leur descend aux genoux. Les principaux d'entr'eux ont quelques parures qui leur sont propres, telles que des ceintures garnies de coquillages, des chausses de lainage ou peaux qui leur prennent de mi-cuisse jusqu'à mi-jambe, et qu'ils appellent mitasses, des plaques, colliers, anneaux, ou grains de laton, dont ils se garnissent le cou, la poitrine, les oreilles, le bout du nez, et jusqu'aux lèvres, des espèces de casques garnis de grandes plumes; et pour se rendre plus beaux ou plus terribles, ils se peignent le visage de traits de toute couleur sur un fond de vermillon : ce qui, joint aux rayes bleuâtres, transversales, spirales, et autres, imprimées sur leur peau, leur donne, avec le reste de leur accoutrement, un air de mascarade assez convenable à la saison du carnaval, qui est le tems où ils abondent ici le plus.

La taille des hommes est moyenne, parmi quelques peuplades, et plus haute parmi d'autres. Celle des femmes est, en général, plus ramassée, courte, et trapue. Ils ne sont point chargés de graisse et d'embonpoint ; mais ils ne sont pas décharnés ; ils ont les os d'une bonne grosseur ; et leur carrure est assez forte. Il ont, presque tous, la jambe musculeuse et bien fournie. Les traits de leurs visages sont fortement prononcés, sur-tout ceux des hommes ; et, avec cela, ils ont communément, un air de ressemblance entre eux, ou, du moins, un trait caractéristique et frappant, qu'on appercoit sensiblement et qu'on ne saurait bien définir. Quoiqu'ils ne prennent point le chagrin à cœur et que le cercle de leurs idées soit ou paraisse extrêmement borné, on croit distinguer, dans l'ensemble de leur phisionomie, un air tout-à-la-fois méditatif et mélancolique, au moins, quand ils ne sont pas échauffés par la boisson. La couleur de leur peau est approchante de celle des mulâtres et d'un jaune cuivré plus ou moins rembruni, suivant l'âge, le sexe, et la nation ; le teint des femmes et des enfans étant moins foncé que celui des hommes, et certaines peuplades étant moins rembrunies que d'autres. Leurs cheveux, qu'ils coupent en partie, sont, d'un noir de jais, durs, roides, et épais, parmi les uns, le sont moins parmi les autres, et ne blanchissent que rarement et tard. Leurs dents sont fortes et bien chaussées. Les hommes ont naturellement peu de barbe, (mais ils ne sont pas positivement imberbes) et le peu qu'ils en ont, ils l'arrachent. Ensorte qu'il est plus difficile, pour nous, du moins, de distinguer et reconnaître un vieillard entr'eux que parmi les blancs ou les nègres, d'après ces trois signalemens, de la barbe, des cheveux, et des dents, et que leur grand âge n'offre d'autres indices apparens que la courbure des reins et le fléchissement des jarrêts.

Ces êtres, presque nuds, au milieu d'une saison quelquefois rigoureuse, entassés, durant une nuit froide et pluvieuse, dans de petites huttes enfumées, dressées au milieu des champs, et où pénètrent de toutes parts et le vent glacé du nord et la pluie, manquant de tout, vivant, à bien dire, comme les brutes, au jour la journée, et de ce qu'ils peuvent trouver (n'ayant aucune provision de réserve avec eux dans leurs courses vagabondes), doivent paraître et paraissent effectivement à nos yeux des êtres bien misérables ; et cependant ils ne le sont pas aux leurs, du moins tout autant que nous nous l'imaginons.

Indépendamment de l'ignorance où ils sont des douceurs attachées à l'état de civilisation, ou plutôt de leur antipathie innée pour cet état, dont ils redoutent la gêne et les obligations, leur penchant naturel pour la vie errante et précaire qu'ils mènent et à laquelle ils sont d'ailleurs habitués dès leur naissance, étouffe en eux, suivant toute apparence, le sentiment des peines inhérentes à ce genre de vie, ou les en dédommage par des jouissances qui, hors de notre portée, n'en sont pas moins réelles à leurs sens. Et peut-être qu'au fond, et en dernier résultat, tout est-il compensé de part et d'autre, dans l'état sauvage ainsi que dans l'ordre social (quant au bonheur individuel, s'entend, et non pour toute autre conséquence à induire de ces deux états si opposés l'un à l'autre), puisque le sauvage, au milieu de nous, n'est pas plus enclin à se conformer à nos habitudes et à nos mœurs, que l'homme policé, dans la hutte de ce même sauvage, ne se sent disposé à adopter sa profonde incurie et sa façon de vivre. A la différence près, même, qu'on a vu des exceptions à cette règle générale, dans le passage, de quelques individus, de ce régime de civilisation à la vie sauvage, et non dans la marche inverse, et dans le change de ce dernier état au premier : outre que le suicide, cet acte de violence et de désespoir, qu'enfantent le dégoût de la vie et le poids du malheur, est assez commun parmi les nations les mieux policées, et, pour ainsi dire, inconnu chez les sauvages.

Ces hommes, au surplus, sont libres et indépendans, autant qu'il est possible de l'être : et, certes, c'est un bien qui balance de grands maux. Mais cette liberté, cette indépendance, à laquelle ils paraissent attacher un prix important, loin de les exciter au travail, semble, au contraire, les en éloigner. La chasse est, comme nous l'avons dit, leur occupation chérie, en ce qu'elle favorise leur paresse et leur esprit de vagabondage ; et l'agriculture est leur plus grand objet d'aversion. C'est à leurs femmes, beaucoup plus laborieuses qu'eux de gré ou de force, qu'ils abandonnent le soin des médiocres plantations de maïs et autre vivres qu'ils forment, au retour du printems, sur le territoire de leurs peuplades. Ce sont aussi leurs femmes qui, dans le cours de leurs caravanes, sont astreintes à porter leur attirail de voyage, sacoches, paniers, etc., ainsi que leurs enfans à la mamelle et juchés sur le dos de ces malheureuses, courbées sous le poids de leur charge, avec l'embarras encore de deux ou trois autres marmots que plusieurs mènent avec elles: tandis qu'eux marchent gravement devant elles, les mains vides, et le dos leste, ou portant seulement un méchant fusil et un petit sac à poudre et à plomb, avec quelques sarbacannes, le visage bien enluminé de vermillon, et la tête couverte de plumes grotesquement arrangées. Il paraît, d'après la manière dont ils agissent avec leurs compagnes, qu'on pourrait encore trouver plus aisément parmi ces sauvages que chez les peuples policés, en ce qui concerne la conduite des hommes envers les femmes, l'application de cet axiome : *les plus forts ont fait la loi.*

Quoiqu'il en soit, ces hommes, tels qu'ils sont, fainéans au suprême degré, impérieux et durs à l'égard de leurs femmes, vindicatifs envers et contre tous, mendians jusqu'à l'importunité, passionnés pour les liqueurs fortes, et par conséquent ivrognes, incapables, à tous égards, de parvenir à l'état de civilisation, et par l'instinct qui les en éloigne, et par leur peu d'intelligence, ne sont point cependant, généralement parlant, avec ces vices et ces défauts, des êtres malfaisans et foncièrement méchans, si l'on en excepte une peuplade, fixée aux environs de la baye St.-Bernard, vers les confins de la Louisiane et du Nouveau-Mexique, et qu'on dit être singulièrement féroce, et même antropophage, mais qui n'a aucune relation avec cette Colonie. Je ne parle que de ceux qui sont liés avec le Gouvernement espagnol, que l'on voit habituellement dans la Colonie dont ils occupent quelques parties intérieures ou circonvoisines, et notamment des Chactas. Un voyageur, chargé d'or ou de marchandises, est bien plus en sûreté au milieu d'un de leurs villages (tout autant qu'un état d'ivresse ne les égare pas) qu'il ne le serait, avec ces mêmes effets, dans bien des bourgades et hôtelleries de nos contrées européennes les plus policées. Il est reçu humainement, sans intérêt quelconque, et même avec un certain empressement, dans ces espèces de hameaux, dont les plus voisins de la Nouvelle-Orléans, sont ceux de la nation ou peuplade des Chactas, qui a ses premiers établissemens à quarante et quelques lieues de la ville, au-delà du lac de Pontchartrain, dans l'intérieur de la Floride occidentale.

Le fléau de la petite vérole, et l'usage des liqueurs

fortes, dont l'un est, pour eux, une peste par leur imprudence extrême et leur négligence, et les autres, un vrai poison, par les excès qu'ils en font; et, à tous égards enfin, l'approche et la communication des peuples policés, ont contribué à diminuer considérablement le nombre de ces naturels du pays : et cette dépopulation est telle, qu'il est des peuplades entières, ainsi que celle des Ouachas, fixée anciennement sur les bords du lac de ce nom, qui ont déjà totalement disparu; en partie, détruites par les maladies, l'ivrognerie, et les suites, en général, de leur commerce avec les Européens, et en partie, errantes et dispersées. Au surplus la nation des Chactas, entre autres, la plus nombreuse de celles qui subsitent encore dans l'étendue de la Colonie, n'est pas le quart de ce qu'elle était il y a environ un siècle, à l'époque de la fondation de cette Colonie, et n'existera peut-être plus dans un pareil laps de tems. On estime que la population actuelle de cette nation, est, tout au plus, de quinze à dix-huit mille ames.

Quand je dis que l'approche et la communication des peuples policés, ont, de toute manière, opéré la dépopulation de ces contrées, et affaibli considérablement le nombre de ces naturels du Nouveau-Monde, appellés Sauvages, par un abus d'expression, et qui ne le sont pas réellement, c'est une vérité si connue, qu'elle n'a pas besoin d'être démontrée, et par les observations qui l'appuient, et par les faits qui la constatent. Et je crois même être fondé à ajouter qu'abstraction faite de tout ce qui tient, du reste, à cette cause générale que je viens d'exposer, la seule influence des besoins factices auxquels l'homme policé plie le sauvage, suffirait pour amener, à la longue, cette dépopulation, accélérée, au surplus, par le concours de tant d'autres causes particulières.

La civilisation de ces diverses peuplades me paraît être une œuvre impraticable, ainsi que je l'ai déjà dit, ou pour le moins, bien difficultueuse et bien longue : et les seules relations commerciales que la Colonie entretient avec elles, consistent en quelques pelleteries et autres objets peu importans qu'elles lui fournissent.

CHAPITRE XXVI.

Continuation du Chapitre précédent. Observations sur les Créoles blancs.

PASSONS actuellement à ce qui concerne les trois classes d'hommes qui habitent la Colonie, et la font valoir, sous le Gouvernement espagnol dont ils sont les sujets, en commençant par les blancs formant la classe des maîtres.

La plus grande partie des blancs qui résident en cette Colonie, est composée de Créoles ou natifs du pays, et le reste, en plus petit nombre, est, comme nous l'avons précédemment observé, un mélange de Français, d'Espagnols, d'Allemands, d'Américains, et de quelques autres étrangers.

Les Créoles de la Louisiane, hommes et femmes, sont, en général, d'une taille moyenne et assez bien prise, mais moins svelte que ramassée. Peu colorés, ils n'ont pourtant pas le teint plombé. Ils sont plutôt blonds que bruns, (à la réserve d'un petit nombre de Créoles de la ville, nés de pères espagnols) et leurs cheveux, généralement blonds dans l'enfance, ou restent tels, ou deviennent châtains par la suite.

Les femmes de ce pays, qu'on peut comprendre dans le nombre de celles que la nature y a particulièrement favorisées, ont une peau qui, sans être d'une extrême blancheur, est pourtant assez belle pour constituer un de leurs charmes, des traits qui, quoique peu réguliers, forment un ensemble agréable, une assez jolie gorge, une stature qui annonce la force et la santé, et (ce qui leur appartient en propre et les distingue avantageusement) des yeux vifs et pleins d'expression, ainsi qu'une superbe chevelure.

Tel est, à-peu-près, l'extérieur des jolies femmes de ce pays, qui n'en fournit point à foison, quoiqu'on en dise, et où les belles, au surplus, sont très-rares. Et, quant au commun du sexe, on peut se passer d'en faire une mention particulière : ce sont des femmes, et voilà tout.

En dernière analyse, et pour vous donner une juste idée à cet égard, j'observerai que, dans un cercle de vingt jeunes femmes ou filles, il y en aura, le plus souvent, dix entre le ziste et le zeste, cinq laides, quatre jolies, et à peine une belle. Au reste, on trouve aux femmes de ce pays, en général, peu de maintien, peu de grâces, peu de ce je ne sais quoi, fait pour être senti et non défini. Elles ont, en outre, un son de voix aigre et criard, peu convenable au beau sèxe, et rien moins que flatteur pour l'oreille qui n'y est point accoutumée. Il est encore à observer que la physionomie, ce miroir de l'ame, annonce, dans les deux sexes, plus de bonhommie que de bonté, plus de suffisance que de hauteur, plus de matoiserie que de pénétration, et n'est, ordinairement, ni spirituelle ni distinguée. Au reste, on voit peu de Créoles de cette Colonie (hommes et femmes) qui soient affligés d'imperfections corporelles, comme boîteux, bossus, etc. Mais les uns et les autres sont sujets à perdre les dents de bonne heure, ainsi que nous l'avons observé, en parlant de l'influence du climat; et plusieurs d'entr'eux sont atteints de maladies cutanées, telles que dartres, galle, et lèpre même, indispositions qui n'étaient pas, à ce qu'on dit, connues avant le séjour des Espagnols en ce pays.

Voilà ce qui tient au physique. Pour le moral, il y a beaucoup plus à en dire : et quelques observations préliminaires et qui y sont relatives, nous ameneront à l'examen et au développement de cet objet essentiel.

La Louisiane, depuis son origine jusqu'à présent, a constamment été une Colonie plus ou moins pauvre, et le sera toujours, considérée en masse, et en raison du peu de ressources que présente son sol marécageux, où il n'existe que de modiques portions de terre, isolées et répandues çà et là, ou resserrées dans des bornes étroites, qui puissent être habitées et cultivées, ainsi que par rapport à sa position, défavorable au commerce extérieur, dans l'enfoncement du golfe Mexicain, à travers des parages peu sûrs et d'un accès dangereux, et n'offrant, en outre, qu'un seul entrepôt de commerce, à trente-cinq lieues de l'embouchure, presque obstruée, d'un fleuve, unique voie de navigation pour parvenir aux établissemens de cette Colonie, et qu'on ne remonte, au surplus, qu'avec peine et lenteur.

Ce pays, misérable par lui-même, n'a eu pour premiers colons que des gens dénués de fortune, français ou allemands qui, arrivés pauvres, sont demeurés tels, ou, du moins réduits à un état de médiocrité très-circonscrit; à la réserve de quelques agens du gouvernement et de quelques commerçans monopoleurs. Telle a été la situation de cette Colonie sous le Gouvernement français; situation qui ne s'est trouvée améliorée que dans les derniers tems, et depuis que la Colonie est devenue espagnole, au moyen du commerce interlope que les Anglais faisaient sur le fleuve où ils possédaient quelques Établissemens, et, plus récemment encore, par les suites de la guerre qui vient de se terminer, et qui, appellant ici, plus librement qu'ailleurs, en raison des possessions que les États-Unis ont dans le haut du fleuve, le pavillon américain et le commerce de cette nation, y a soutenu et même accru les cultures que cet état de guerre anéantit et paralyse en tant d'autres endroits. Cette Colonie, avant ces derniers tems ci-dessus indiqués, était donc demeurée dans un état de langueur et de détresse, et comme séparée du reste de la terre; au point qu'en France il fut un tems, où, pour exprimer proverbialement le bout du monde, on désignait le Mississipi. Depuis que le Gouvernement espagnol la posséde, elle s'est un peu relevée, il est vrai, de cette position faible et languissante, avec le secours des sommes considérables que ce gouvernement y a versées, à la faveur du commerce étranger, et grâce aux circonstances. Mais, malgré tous ces accessoires avantageux, tous ces moyens réunis, l'aisance, et encore moins l'opulence, concentrées parmi un petit nombre d'employés du gouvernement, de négocians et d'habitans, n'y ont jamais été répandues; et, jusqu'à ce jour, les colons en général, y sont pauvres.

De ce que je viens de dire il résulte, que les créoles du pays, issus, presque tous, de parens de basse extraction, qui étaient venus chercher la fortune en ce coin du monde, et ne l'y avaient pas trouvée, élevés, par conséquent dans la gêne, l'ignorance, et la grossièreté, ont dû, nécessairement, en conserver les empreintes, à la réserve de quelques-uns d'entr'eux, que leurs parens, ou bien nés, ou décrassés par un peu d'aisance, ont pu faire élever en Europe. Aussi, à cette exception près, et qui est fortement prononcée en ce pays, la plupart des Créoles de la Louisiane, ont les vices et les défauts qui tiennent à la manière dont ils ont, en général, été élevés. Ils sont grossiers, envieux, intéressés, avares, présompteux, railleurs, insensibles, dissimulés, caustiques, hâbleurs, et par-dessus tout cela, ignorans à vingt-quatre carats, (beaucoup d'entre eux ne sachant même pas lire et écrire), et se complaisant dans leur ignorance, au point d'aimer beaucoup mieux manier un fusil de chasse qu'une plume, et pagayer dans une pirogue, qu'approcher d'un bureau. Un de ceux que je décris, disait naïvement, un jour, devant moi, que le sûr moyen, pour lui, de s'endormir, était d'ouvrir un livre. Un autre avait une telle antipathie pour tout ce qui émanait de l'art typographique, qu'il suffisait de lui présenter une feuille volante imprimée, une simple gazette, pour se débarrasser de lui sur-le-champ, et le faire détaller à grands pas. Un troisième, au contraire, aimant beaucoup la lecture, et s'y adonnant avec ardeur, il est vrai, a passé, sous mes yeux, pour une espèce de fou, un cerveau timbré. En un mot, une bibliothèque, en ce pays, est, je pense, presque aussi rare que le phénix ; et, soit à la ville, soit dans les campagnes, on ne trouve un choix de quelques livres assortis, que chez un petit nombre de Français établis dans la Colonie.

Je vais, à cet égard, citer un fait peu important, mais caractéristique, à l'appui de ce que je viens de dire. Un Gouverneur-général, de nation ou d'origine française, M. de Carondelet, jugea à-propos de permettre il y a quelques années, l'établissement d'une Imprimerie, à la Nouvelle-Orléans, pour la publication d'une gazette, intitulée le Moniteur de la Louisiane, ou seraient insérés les avis divers relatifs à ce qui concernait le commerce, la culture, ou d'autres objets d'utilité publique, ainsi qu'un paragraphe destiné aux nouvelles politiques. Nos créoles sont généralement fort curieux, et avides sur-tout de nouvelles étrangères. Cette feuille, au surplus, est assez bien rédigée. Il était à présumer, d'après tout cela, qu'il y aurait, de suite, une foule d'abonnés à cette feuille coloniale. Eh bien! qu'en a-t-il été? Le voici. Je tiens du rédacteur, lui-même, que jamais, depuis la première publication de cette feuille jusqu'à ce jour, il n'a pu atteindre au nombre de quatre-vingt abonnés à-la-fois, la plupart européens ou étrangers. Parcimonie d'un côté, dégoût pour la lecture de l'autre, voilà ce qui en éloigne nos Créoles. Et, par ce trait, on peut se figurer le reste. Au surplus, on doit bien penser que si le Gouvernement espagnol n'a point trouvé le goût de la littérature établi dans ce pays, il ne l'y a pas, au moins, introduit. Ah! fuyez donc le séjour de la Louisiane, vous tous qu'enflâme la passion de l'étude et des belles-lettres! L'air de cette région est mortel pour les muses.

Les Créoles vivent isolément dans leurs plantations, ayant peu de liaison, peu de commerce entre eux, pas même entre ceux unis par les liens du sang, et ne se voyant pour ainsi dire, que par boutade. Cette manière de vivre isolée, et qui, du reste n'est embellie et adoucie, ni par les charmes de la littérature, ni par les jouissances attachées à une campagne agréable, à des sites pittoresques et attrayans, à des amusemens champêtres, est bien fastidieuse à tous égards : et malgré cela, les Créoles de la Louisiane (j'entends ceux qui n'ont jamais sorti du lieu), sont engoués, a un point indicible, de leur triste et monotone contrée, ou, du moins, feignent de l'être, et lui attribuent des agrémens particuliers. Au reste, cela n'est point étonnant. Le stupide Lapon et le grossier Hottentot, ne trouvent-ils pas leur misérable patrie, le plus beau pays du monde, et ne le préfèrent-ils pas à tout autre séjour ? A cet égard, et pour donner une idée de leur engouement pour tout ce qui provient de chez eux, et de leur exagération sur ce point, je me contenterai de citer le propos d'un Créole du lieu, homme d'un âge mûr, mais fou de son pays, comme un gueux de sa besace. Il était dernièrement question, dans une société, de l'arrivée prochaine des Français; et quelqu'un dit, à ce sujet, qu'on verrait peut-être aussi quelques jolies citoyennes françaises qui, apportant les modes nou-

velles

velles de la Capitale, et le rafinement de la parure, offriraient des modèles en ce genre aux dames du pays : « *Dites plutôt*, interrompit vivement et très-sérieusement notre bon et enthousiaste Créole, *qu'on verra nos dames leur servir de modèles dans l'art de se parer, comme dans tout le reste.* »..... Ainsi donc, suivant notre homme, les rives sauvages du Mississipi, allaient éclipser les bords rians de la Seine, et l'élégante Parisienne n'avait rien de mieux à faire que de se conformer aux goûts et aux manières de la roide et empruntée Louisianaise.

Nos Créoles, de plus, se rengorgent en parlant de l'étendue de leurs familles, et d'une foule de parens qu'ils ne voyent pas durant des années entières, quoique souvent ils habitent à quelques lieues seulement les uns des autres. Et si l'un d'entre eux vient à mourir, il est de règle et d'usage que toute la parenté, jusqu'au septième degré, prenne le deuil, plus ou moins de tems, comme un témoignage apparent de douleur, pour un individu qui, de son vivant, était presque inconnu à la plupart, de ses nombreux parens, et pour qui nul d'entre eux, alors, n'eût, certes, été disposé à s'employer d'une manière qui pût lui être avantageuse.

Indifférens à tout ce qui ne leur est pas personnel, égoïstes au suprême degré, ils rapportent tout à eux et rien aux autres. Caustiques et d'une familiarité grossière, avec leurs égaux, exigeans à l'égard de leurs inférieurs, durs pour leurs esclaves, inhospitaliers envers les étrangers, leur conduite et leurs rapports, avec les uns et les autres, ont pour base leurs sentimens, et sont réglés dessus. Cette variété de sentimens prend sa source dans leur amour-propre et dans leur intérêt personnel, mobiles puissans de presque toutes leurs actions, les plus indifférentes même en apparence, et qui ne le sont plus quand on les analyse.

Ce qui est encore à observer en eux est la conduite singulière et vraiment originale qu'ils tiennent envers quiconque arrive en leur pays pour la première fois. Amateurs extrêmes des nouveautés, comme nous l'avons observé, ils s'y portent avec une certaine passion toujours subordonnée à leur intérêt. Un étranger nouvellement arrivé, semble être à-la-fois, pour eux, un être extraordinaire, et une espèce de propriété, dont ils jouissent à leur manière. Ils l'examinent de la tête aux pieds, ils le complimentent, ils le courtoisent; et fût-il un franc butor, un vrai Midas, il n'en est pas moins considéré par ces badauds du Mississipi, durant les premiers tems de son séjour, et tant qu'il a pour eux le charme de la nouveauté. Mais, bientôt après, cet étranger, qui ne l'est plus pour eux, (fût-il un homme d'un mérite rare et transcendant) ne paraîtra, à ces mêmes individus, qu'un être sans valeur, un personnage obscur, à moins pourtant qu'il ne fasse grande figure, et n'étale une opulence qui leur en impose, et qui, en excitant leur envie, attire néanmoins leurs égards. Autrement, dépourvu de ce puissant moyen de considération, et dépouillé du charme de la nouveauté, un étranger, tombe, à leurs yeux, je ne dis pas dans le néant, mais dans une défaveur pire encore que le néant, par les conséquences fâcheuses qui en résultent pour lui, et qui prouvent à quel point est poussée ici la brute inhospitalité. C'est alors, en quelque sorte, l'application de la fable du lion mourant, en bute aux coups de chaque animal, et qui reçoit finalement le coup de pied de l'âne. Il n'est pas de petit gredin, créol de cette sauvage Colonie, et n'ayant jamais perdu de vue les bords du Mississipi, et jamais bu d'autre eau que celle de ce fleuve, qui ne se croie autorisé, par l'exemple des principaux d'entre eux, et à l'instar de l'âne de la fable, à insulter un malheureux étranger, je dis même un Français, un Colon comme lui, sauvé du bouleversement et des massacres de St.-Domingue, et réfugié en ce pays avec quelques faibles débris de sa fortune ; et cela, parce que le gredin est dans son pays et que l'étranger est hors du sien, parce que le premier s'y sent environné et soutenu, et que l'autre y est isolé, et plutôt vexé que protégé par les dépositaires de l'autorité publique. A ce sujet, je me contenterai de rapporter une anecdote arrivée, pour ainsi dire, sous mes yeux.

Une négresse, domestique d'une famille étrangère, qui avait pris à loyer une maison de campagne, à deux lieues de la ville, se présenta, munie d'une permission par écrit de son maître, au propriétaire d'une habitation voisine, Créol du pays, à qui, exhibant sa permission, elle demanda celle d'aller vendre quelques bagatelles à l'usage des nègres, dans la cabane de ses esclaves, permission qu'il n'est pas d'usage de refuser, et qu'elle obtint, verbalement, il est vrai. Elle y alla deux fois; mais, à la troisième, elle fut arrêtée, à sept heures du soir, par l'économe de l'habitation, le ministre insolent du petit despote à qui appartenait cette habitation, tous deux allemands, l'un de naissance et l'autre d'origine, et brutaux tous deux comme des allemands (mal élevés, s'entend). La pauvre négresse eût beau réclamer la double permission, et de son maître et de celui de l'habitation où elle était; sa réclamation fut vaine, et rien ne servit à sa défense. L'économe allemand la fit coucher sur terre, à plat ventre, la jupe retroussée sur les reins, et lui fit appliquer vingt-cinq coups de fouet sur les fesses nues. Il est vrai que le commandeur nègre, à qui cette exécution avait été confiée, plus humain que le bourreau blanc, et profitant de l'obscurité de la nuit qui commençait à s'étendre, eût l'adresse de faire porter presque tous les coups de fouet à terre, à-peu-près comme Sancho procédant au désenchantement de Dulcinée; après quoi, elle fut renvoyée.

Le maître de la négresse, instruit par elle de cette violence indigne, envoya, dès le lendemain au matin, son fils, en plainte contre l'économe, vers cet habitant, qui, ricanant grossièrement et avec un air de satisfaction, répondit que l'économe avait agi d'après ses ordres, et qu'il avait bien fait; et, sur ce que le jeune-homme lui dit avec vivacité, que ce procédé envers un voisin et particulièrement un étranger, qui ne lui avait rien fait pour se l'attirer, était indigne d'un galant-homme, et blâmable à tous égards, il répondit, avec emportement, sinon en propres mots, du moins en termes équivalens: „ Que votre père porte „ sa plainte où bon lui semble. Eh! parbleu! qu'en „ sera-t-il? J'ai trente ans passés de Colonie, et „ lui n'en a que deux „. Et certes, il pouvait bien dire qu'il avait trente ans passés de Colonie, puisque le rustre y était né et n'en avait jamais sorti. Après l'atrocité de son procédé, il ne pouvait mieux couronner l'œuvre que par ces derniers mots, qui peignent bien l'état des choses en ce pays, et les égards qu'on y a pour les étrangers domiciliés : *j'ai trente ans passés de Colonie, et lui n'en a que deux!* Ne voilà-t-il pas, vraiment, de quoi engager d'honnêtes gens à se dépayser, à traverser les mers, avec leurs ressources ou leurs talens, pour aller se confiner, s'enterrer tout vif dans une grenouillère, au milieu d'un tas de reptiles et d'insectes venimeux, de toute espèce et de toute configuration, et où la douce et respectable hospitalité se voit outrager à ce point ?

CHAPITRE XXVII.

Continuation du Chapitre précédent.

Je ne taxerai pas de lâcheté les Créoles de la Louisiane. Mais enfin, durant cette guerre, heureusement terminée depuis peu, et parmi cette jeunesse pauvre, nombreuse, et sans occupation, qui habite la Colonie, à la réserve de sept à huit créoles, quels sont ceux qui ont cherché à distraire leur profonde oisiveté, soit par la voie du commerce, soit en éloignant, du moins, par quelques armemens, les petits corsaires qui infestaient leurs côtes, ainsi que l'ont fait les Créols des îles du Vent, et notamment ceux de la Martinique, toutes les fois qu'ils ont pu naviguer et combattre sous leur pavillon national? On peut donc, tout au moins, accuser d'insouciance, à cet égard, les Créoles de la Louisiane, et les croire dépourvus d'énergie et de patriotisme réel, étant sujets d'un Gouvernement qui, depuis six années, est l'intime allié de la France, et fait cause commune avec elle; quoiqu'ils se vantent hautement d'être bons Français dans l'ame, et d'avoir, jusqu'à présent, partagé de cœur et d'esprit les succès de la France et le triomphe de sa révolution.

Effectivement, et par une suite, à ce que j'ai lieu de présumer, de genre de Gouvernement sous lequel cette Colonie a toujours été régie, soit du tems des Français, soit depuis que les Espagnols en sont maîtres, les Créoles du lieu sont, pour la plupart, sans énergie morale, et ne paraissent susceptibles d'autre sentiment profond que de celui qui tient à leur intérêt personnel, seul capable de les animer, de les exalter. Et, d'après cela, quelle peut être la mesure de leur prétendu patriotisme, et de l'attachement qu'ils affectent pour la France, leur ancienne patrie ?

Ne les a-t-on pas vus d'abord, après une fermentation dans les esprits, qui annonçait des mesures extrêmes, et présageait une explosion violente, aller d'eux-mêmes au-devant du joug que leur apportait le féroce Orelli, que (de leur propre aveu) ils auraient pu repousser aisément de leur pays, ainsi que ses satellites, et laisser sacrifier indignement et dans le profond silence de la terreur, sous leurs yeux, et dans leurs propres foyers, d'infortunés compatriotes, victimes, en partie, de leur confiance aveugle en leurs pusillanimes concitoyens ! Ne les a-t-on pas vus, il y a quelques années, après s'être agités machinalement, s'être formés en assemblées diverses, et s'être enfin donné des fêtes où, devant leurs esclaves, les imbécilles chantaient, à tue-tête et avec une imprudence inconcevable, les hymnes françaises où sont célébrés

lébrés les droits de l'homme, ne les a-t-on pas vus, dis-je, après ce vain étalage et ce bruyant fracas, tout-à-coup rentrer dans leurs coquilles, et se ranger sous la férule du Gouvernement espagnol, comme un troupeau de moutons sous la houlette du berger, dès qu'ils vinrent à pressentir, d'après quelques mouvemens sourds, quelques agitations partielles de leurs ateliers, que les nouveautés dont ils s'engouaient, pouvaient bien aussi faire impression sur l'esprit de cette classe d'hommes soumise à leur pouvoir, et échauffer la tête de l'esclave, ainsi que celle du maître.

Et même, au moment actuel, à cette époque intéressante et mémorable autant qu'il en fut jamais une, celle enfin de la paix générale de l'ancien monde et du nouveau, tourmentés, déchirés par neuf années consécutives d'une guerre acharnée, quelle sensation, vive et profonde, a produit, en cette Colonie, la nouvelle, qui y est parvenue depuis deux mois, d'un événement de cette nature, fait pour transporter de joie et de contentement tous les cœurs sensibles, et principalement tous les bons et vrais français ? Une inquiétude vague, une fluctuation d'idées, toutes liées à leur intérêt personnel, une espèce de stupeur enfin, qui les tient en bride, et leur a fait recevoir, pour ainsi dire, en rechignant, cette nouvelle que la France et ses Colonies ont accueillie avec les expressions et le témoignages de la plus grande allégresse : voilà ce qu'on peut observer sans peine, en ce moment-ci, parmi les Colons de la Louisiane. Tout y est morne, froid, concentré, en ville comme à la campagne, et de la part des commerçans comme de celle des habitans. Point de réjouissances, ni de fêtes publiques ou particulières, consacrées à célébrer cet heureux événement, malgré qu'on soit dans le tems des bals et des spectacles (le carnaval) seul tems où l'on s'amuse un peu dans ce pays, où l'on sorte ordinairement du train de vie apathique et ennuyeux qu'on y mène en toute autre saison, et qui, en outre, a été plus long et plus favorable aux amusemens accoutumés, cette année-ci, que dans les précédentes. Il paraît même que cette nouvelle a produit une sensation si peu agréable ici, qu'elle a fait avorter quelques fêtes particulieres, et projettées, d'avance et depuis long-tems, pour le courant du carnaval, dont une seule, absolument parlant, n'a pas eu lieu, notamment dans les campagnes, où il ne se passe pas d'hiver qu'on n'en donne plusieurs.

Les commercans, presque tous anglais, américains, ou français, agens des uns et des autres, voyent dans l'avenir un changement nuisible à leurs intérêts ; et les habitans qui, à cette nouvelle, joignent les bruits, circulant ici, de la cession faite de cette Colonie, par l'Espagne à la France, et qui ne voudraient redevenir Français qu'à des conditions avantageuses, en gagnant au change, et, comme on dit, à jeu sûr, bien instruits maintenant de tout ce qui s'est passé dans les Colonies françaises, inévitable et trite effet des nouveaux principes adoptés par la métropole, ont la puce à l'oreille, et craignent horriblement (pour ce qui concerne le régime intérieur de la colonie, et en raison de ces principes et de leurs résultats, qui ne cadrent nullement avec l'esprit d'égoïsme et d'intérêt personnel qui forme l'essence de leur caractère) que cette mutation de gouvernement n'en amène une dans le systême colonial, au cas que la France, avant cette époque, ne se départe entièrement de ces mêmes principes. Telle est, à cet égard, et quant à présent, la façon de voir et de penser commune des habitans, dont les trois quarts, au moins, sont Créoles : et j'en puis parler pertinemment, puisque je suis sur les lieux, et témoin occulaire de ce que je rapporte, à ce sujet, avec une exacte impartialité.

On me dira peut-être : „ Mais ces mêmes habitans ont plusieurs fois demandé à être réunis „ sous leur ancien gouvernement, à redevenir „ français. Qui plus est, depuis l'époque de la révolution, il a paru, en leur nom collectif et pour ce „ même objet, une pétition rédigée et signée par un „ membre de la Société des amis de la Constitution, „ Des Odouarts-Fantin, agissant pour ces Colons. „ Cela est vrai. Mais, que l'on se rapporte, en esprit, aux dates de ces diverses demandes, et même à celle de cette pétition, faite en 1790, et qu'au surplus on examine attentivement l'objet principal, le point essentiel de toutes ces demandes. On verra clairement, et par leur date et par leur analyse, qu'il n'y a rien que de très-conséquent et de fort compatible, entre les démarches faites par les Colons de la Louisiane en ce tems-là, et les sentimens qui les dirigent actuellement. On verra qu'alors la métropole n'avait encore rien innové dans le régime intérieur de ses Colonies. On verra, de plus, que les Louisianais n'étaient pas tant animés par le pur désir de redevenir Français, que par la crainte qu'ils avaient de l'établissement, parmi eux, du régime prohibitif des Colonies espagnoles, dont ils étaient menacés d'être grevés à l'expiration prochaine d'une Concession de liberté de commerce avec les Ports français, qui leur avait été accordée pour dix ans seulement, par le Gouvernement d'Espagne, et qui devait échoir en 1791, c'est-à-dire, l'année qui alloit suivre celle de leur pétition ; Concession qui avait été demandée et obtenue, en leur faveur, par M. de Galvez, leur Gouverneur-général, en conséquence de la promesse formelle qu'ils avaient eu la précaution et le soin de se faire donner par lui authentiquement, (quand il eut besoin, durant la guerre de 1778, des milices de la Colonie, pour coopérer à la prise des postes que les Anglais tenaient sur les bords du golfe du Mexique et le long du Mississipi, à l'entrée et dans l'intérieur de la Colonie) en forme de compensation, pour ces adroits colons, de l'anéantissement du commerce interlope qu'ils avaient entretenu jusqu'alors avec les Anglais, par l'intermédiaire de ces postes dont l'enlèvement allait faire cesser désormais toutes ces relations frauduleuses, nuisibles aux droits du Gouvernement, mais avantageuses aux Colons. Cela est si vrai, que j'ai même entendu de vieux Colons dire, avec humeur, que M. de Galvez les avait, en partie, trompés, en ce qu'il leur avait promis une Concession illimitée de commerce avec la France et ses Colonies, et qu'elle se bornait à un espace de dix ans, après lequel, la Colonie serait tombée entièrement dans les liens du régime prohibitif en question, sans les circonstances, heureuses pour elle, de la secousse générale occasionnée par la Révolution française, et ensuite, de la guerre, qui, survenant après cette secousse, avait substitué, et même avec avantage, aux ressources du Commerce français, celles du Commerce anglais et américain, circonstances qui ont fait prolonger l'exercice de la Concession du commerce libre avec les Étrangers. On verra enfin, tout bien examiné, que les réclamations des Louisianais, à cet égard, ont eu, pour base et pour motifs directs, non pas, à proprement parler, leur attachement inné à la France, mais bien leur crainte du régime prohibitif des Colonies espagnoles, jointe au désir et à l'espoir de jouir d'une communication libre avec la France, ou avec tout autre nation commerçante.

Depuis trente et quelques années, qu'ils sont soumis à l'Espagne, ils ont eu l'adresse d'esquiver, d'une manière ou de l'autre, le joug de ce régime prohibitif: et je parirai bien que, si le Gouvernement espagnol, dans les circonstances actuelles, en leur notifiant que la Colonie continuerait à rester sous ses lois, leur assurait, en même tems, pour l'avenir, une pleine liberté de commerce avec les Etats-Unis de l'Amérique, ainsi qu'elle existe depuis quelques années, ils n'en demanderaient pas davantage, et demeureraient aussi dévoués à ce Gouvernement, qu'ils ont paru l'être peu dans diverses circonstances où leur intérêt personnel semblait être menacé.

Vous me direz, peut-être, que cette conduite observée par eux jusqu'à présent, et ce plan fidellement soutenu, de jouir des avantages du Gouvernement espagnol, sans en supporter les gênes, de cueillir la rose et d'en rejetter les épines, annonce de la part des Louisianais, un certain fond d'idées et de combinaisons, qui semble ne pas s'ajuster avec le peu de lumières et de pénétration que je leur ai attribué. Et je répondrai à cela, qu'indépendamment d'un certain nombre de gens éclairés, Européens, et Créoles élevés en Europe, qui se trouvent ici, et qui ont toujours dirigé, sur ce point essentiel, l'opinion publique, il est, en outre, de fait que, sur son propre intérêt, on n'est jamais bête, et le cupide Louisianais, surtout, moins qu'aucun autre.

N'attendez pas, d'ailleurs, des Créoles de la Louisiane (et je parle toujours de ceux élevés dans le pays, et qui en forment la majeure partie), le plus léger service, à moins qu'ils n'espèrent en tirer quelqu'avantage immédiat ou indirect. La bienfaisance et la générosité ne leur sont pas familières : et c'est beaucoup encore que de n'en pas recevoir de mauvais offices, soit ouvertement, soit par dessous main.

A cet égard, je vais citer un fait qui sert à démontrer combien ils sont peu disposés à s'obliger mutuellement, même entre voisins et parens. Un habitant, chargé d'une nombreuse famille, et peu fortuné, mais ayant beaucoup de parens aisés, fut poursuivi vivement en Justice par un commerçant de la ville, pour la médiocre somme de quatre-vingt piastres qu'il devait à ce dernier. Condamné au paiement de cette somme, et pressé de l'effectuer, sans en avoir les moyens, il frappe à plusieurs portes, il s'adresse aux uns et aux autres, amis et parens, sans aucun succès. Un ami prétendu fit cependant l'effort de lui offrir galamment cette somme, moyennant qu'il lui passerait la vente, en bonne forme, de deux superbes chevaux de selle qui valaient bien, pour le moins, le double de la somme : acte de générosité singulière de sa part, comme vous voyez, qui ne fut pourtant point accepté. Et cet ami était un commandant de quartier, (soit dit en passant) un homme fait, par conséquent, pour avoir, ou du moins, pour affecter quelque sentiment d'honneur et de magnanimité. Enfin le moment de la saisie mobiliaire arrive. Un autre Commandant, celui de la paroisse du débiteur, chargé de l'exécution du décret de saisie, se met en marche, à cet effet. Car, suivant les coutumes établies en ce pays par la loi espagnole, cet acte de rigueur, avilissant, en d'autres lieux, et abandonné à des agens subalternes, semble être annobli ici, et bien souvent est confié aux Commandans de paroisse, exécuteurs soumis des décrets judiciaires. Cet officier, porteur du décret, s'arrête, pour dîner, dans une habitation peu éloignée de celle où il se rendait. Pendant le dîner, il fait part à la compagnie de ce qui l'amenait sur les lieux, et témoigne, par manière d'acquit, la peine qu'il ressent d'être obligé, par état, d'en venir à ces moyens de rigueur qui lui étaient commandés. Un étranger, non des lieux, mais du pays même, et qui y était arrivé depuis peu, un jeune homme, ayant peu de ressources, puisqu'il faisait le commerce de la mercerie le long des côtes, avec deux animaux de charge que lui-même conduisait, mais, en revanche, ayant de l'éducation et des sentimens, se trouvait à dîner dans cette maison. Instruit de la modicité de la somme dûe, il demande bonnement si le débiteur (car il ne le connaissait nullement)

lement) était homme à n'avoir absolument aucun parent, aucun ami, aucune simple connaissance, personne, enfin, qui fût disposé à venir à son aide, et à le tirer d'embarras. On le regarde avec de grands yeux, un air de surprise tout particulier, comme s'il venait d'avancer la question la plus étrange ; et on se borne à lui répondre que le débiteur était un très-galant homme, bien vu de tout le monde et bien apparenté, mais qu'il ne s'agissait là ni d'amis, ni de parens, mais d'argent, et que, chacun le sien, ce n'était pas trop. La conversation change d'objet. Notre jeune homme, étonné de cet égoïsme général, de cette insensibilité profonde, ému de la position où se se trouvait un père de famille au moment de se voir exécuter chez lui sans miséricorde, se tait, et s'empresse à finir de dîner. Il se lève sans affectation, et. laissant les convives encore attablés, il va prendre dans sa valise les quatre-vingt et quelques piastres, objets de la saisie instante, et se transporte de suite, et à grands pas, sur l'habitation du débiteur, à qui il demande à parler en particulier. Il voit un homme d'une physionomie avenante, environné de sept à huit enfans. Il le tire à part, et, lui annonçant, en peu de mots, la saisie dont il était menacé, il le prie de vouloir bien accepter la modique somme destinée à en empêcher l'éclat et les effets. Cet habitant. étonné d'un semblable procédé, qui n'était que le mouvement naturel d'un cœur sensible et d'une âme honnête, en fut touché jusqu'aux larmes. Après quelques instances de la part du jeune homme, il accepta son offre, en lui témoignant sa vive reconnaissance, et lui tenant, avec une franche effusion de cœur, ce propos qui peint bien le contraste qui se trouve entre un heureux caractère appuyé d'une éducation soignée, et un grossier instinct rendu plus rude encore par le défaut de toute institution morale, ou, en d'autres termes équivalens, entre l'Européen bien né et bien élevé, et le brute et stupide Louisianais : ,, Ah ! monsieur, ,, vous êtes étranger, sans fortune, et vous m'obli- ,, gez ; et mes prétendus amis, mes parens, sont ,, dans l'aisance, et ils me délaissent ! ,,

On pourrait citer beaucoup de traits de ce genre qui caractérisent l'insensibilité du Créole de la Louisiane : mais cela menerait trop loin, et ne prouverait rien de plus que ce qui est réellement. Cependant, je ne puis me refuser à rapporter un seul fait qui, bien avéré, peint, non un simple défaut de sentiment, mais l'inhumanité farouche de nombre d'individus nés et élevés dans cette agreste contrée, et l'impénétrable calus dont leurs cœurs sont enveloppés. Au mois de juin dernier, durant les hautes eaux du fleuve, on a vu un habitant moulinier, occupé, en plein jour, à faire dégager du canal de son moulin et repousser, par ses nègres, avec de longues perches, dans le lit du fleuve et en son courant , les cadavres de trois blancs Américains , noyés par quelque accident , et que le fleuve avait jettés dans ce canal ; au lieu de les en faire retirer à la hâte , pour leur prodiguer des secours et des soins qui , par fois , ne sont pas infructueux , lors même qu'ils paraissent devoir l'être, ou tout au moins, à défaut de réussite, pour donner, à ces tristes restes , une sépulture convenable.... et cet homme barbare était un Louisianais ! Etres sensibles et bons ! Je vous vois , à ce récit, tressaillir d'horreur et frémir d'indignation. Par ce seul trait, jugez du reste.

Ce qui m'indigne le plus à cet égard , ce qu'il y a de plus affligeant en cela , c'est que cette apathique insouciance, cette dureté d'ame du Créole de la Louisiane , n'est point affectée spécialement à la dernière classe de la société , mais à toute l'espèce en général , et que cette imperfection morale semble être endémique en ce pays.

Ce n'est pas tout encore : et je ne puis m'empêcher d'observer , à ce sujet , que la Louisiane a reçu , en diverses occasions, de la part des Colonies françaises, et notamment de celle de St.-Domingue , des témoignages sensibles du vif intérêt qu'elles ont toujours pris à tous les événemens fâcheux qui lui étaient personnels, soit avant ou après la prise de possession de ce pays par les Espagnols , en offrant aux Colons d'ici une retraite avantageuse dans leur sein, en accueillant indistinctement tous ceux d'entre eux qui s'y sont transportés et dont plusieurs y ont même occupé des postes honorables ou lucratifs, soit à la suite du cruel incendie de 1788, qui réduisit en cendre la moitié de la Nouvelle-Orléans, et y répandit le deuil et la misère, en s'empressant de lui envoyer alors des secours de toute espèce, accompagnés de nouvelles offres de services.

La Louisiane, après tous ces actes réitérés de bienfaisance et d'hospitalité exercés envers elle, aurait bien dû reconnaître des procédés aussi généreux, aussi désintéressés, par une réciprocité de bons offices et d'accueil de sa part, à l'égard de quelques-uns des infortunés Colons de St.-Domingue, qui, sauvés du bouleversement de leur pays, sont venus chercher une retraite paisible en celui-ci, parmi des Français comme eux, et des Français qui leur devaient, outre la commisération dûe à leurs peines, des sentimens de gratitude éternelle, au sujet des anciens services de tout genre que cette première Colonie avait rendus à l'autre. Eh bien ! Qu'en a-t-il été ? J'ose à peine le rapporter. O honte ineffaçable ! O comble d'ingratitude !

Avant que de tracer le hideux tableau des procédés étranges des Colons de la Louisiane envers ceux de St.-Domingue, peignons d'abord la conduite noble et généreuse de diverses provinces des

États-Unis de l'Amérique, et notamment de celle du Maryland, envers ces mêmes Colons de St.-Domingue, réfugiés, en foule, dans cette contrée, après les horribles revers de la Partie du Nord de cette Colonie, l'incendie du Cap, et le massacre de quantité de ses habitans. Je parlerai seulement de ce qui s'est passé, en cette circonstance, au Maryland, comme ayant demeuré sur les lieux, et m'étant convaincu, par moi-même, de la vérité des faits.

CHAPITRE XXVIII.

Suite du Chapitre précédent. Opposition de la conduite des Américains et de celle des Louisianais envers les Colons de St.-Domingue, réfugiés parmi eux.

Les misérables colons de St.-Domingue, échappés à travers les flammes et au milieu des horreurs qui faisaient de leur patrie une espèce d'enfer, et se sauvant, sur les mers, aux États-Unis de l'Amérique, y furent accueillis, à bras ouverts, par les habitans de ce pays qui se rendaient en foule aux lieux de débarquement, et là, se disputaient la jouissance de retirer chez eux les plus nombreuses familles, et de leur prodiguer tous les secours de l'humanité, de la manière la plus compatissante, et la moins suspecte, à tous égards, de vues intéressées. Tous ces malheureux réfugiés, hommes, femmes, enfans, de tout état, de toute couleur, se trouvèrent, dès les premiers jours de leur arrivée, assurés pleinement des premiers besoins de la nature, le logement, le vêtement, et la nourriture. Baltimore, sur-tout, s'est immortalisé, dans cette circonstance mémorable, aux yeux de la France, en particulier, et du monde, en général, par l'espèce d'enthousiasme avec lequel cette cité généreuse, accueillant dans son sein l'humanité souffrante, et présentant un asile hospitalier à des étrangers sans ressources, est venue au secours de cette foule de malheureux. Le Gouvernement du Maryland, dont cette ville ressort, concourant noblement, en ce qui le concernait, à cette œuvre de commisération et de magnanimité, assura, de plus, des secours pécuniaires à ces infortunés, durant les six premiers mois de leur arrivée, ainsi que des logemens et des rations en nature à ceux d'entre eux qui désiraient être en leur particulier.

On ne se borna point à ces premiers actes de bienfaisance. Il existe, en ces États, une loi fondamentale qui interdit formellement l'admission, en leur sein, de noirs et esclaves étrangers, par la raison qu'on voudrait, insensiblement et sans l'emploi d'aucun moyen violent, augmenter dans ce pays; la population blanche qui en doit faire la force et la base, en y restreignant, autant que faire se peut, le nombre de ceux de l'espèce noire et la quantité des esclaves. Sans égard à cette loi fondamentale, ou, pour mieux dire, par un égard respectueux et sacré pour une loi souveraine de toutes les lois, qui doivent plier devant elle, loi reçue chez toutes les nations policées, et que les anciens Romains désignaient si bien sous le beau nom de *Caritas humani generis* (*Amour du genre humain*) le Gouvernement du Maryland, séant à Annapolis, imbu de ces grands et respectables principes, et vivement affecté, en outre, des circonstances particulières qui lui rendaient cette loi générale encore plus sacrée, décréta unanimement que les esclaves, attachés au service des Colons de St.-Domingue, qui avaient suivi leurs maîtres en ces contrées, y seraient admis, comme eux, avec les secours proportionnés à leur état, et continueraient à les servir comme à l'ordinaire, à la charge seulement, par les maîtres, d'en faire une déclaration dans les bureaux municipaux des lieux où ils se trouveraient. Et cependant, les Colons de St.-Domingue étaient étrangers à ces généreux Américains, et par le gouvernement, et par la langue, et par les usages, et ne tenaient absolument à eux, que par le lien commun de l'humanité, par le titre d'homme : et cependant il existait, dans cette contrée, et depuis l'époque de sa Constitution, une loi formelle qui exclut de son sein les noirs et esclaves étrangers, et cependant enfin, cette Province étant peuplée d'esclaves, on aurait pu prétexter, à l'appui de cette loi, que l'admission des noirs venant de St.-Domingue et qui avaient suivi leurs maîtres, était dans le cas d'occasionner de la fermentation et des troubles parmi ceux de l'endroit, au moyen de leur communication réciproque, et de là on eût pu conclure à ce que cette loi prohibitive fût, à leur égard, plus fortement maintenue que jamais, par une conséquence de cet axiôme de droit politique : *Salus populi, suprema*

suprema lex esto. Mais ces motifs particuliers, ces raisons d'intérêt personnel, et même public, ces considérations puissantes à tous égards, cédèrent à la grande loi de l'humanité et de l'hospitalité, et le Gouvernement du Maryland parût prendre alors pour devise ce bel axiôme de droit naturel, s'il ne l'est pas de droit civil :

Homo sum, humani nihil à me alienum puto.

Au surplus, les gens sensés et qui dirigent l'opinion publique, pensèrent, avec raison, qu'un petit nombre d'esclaves qui avait tout abandonné, jusqu'à l'offre séduisante de la liberté, pour suivre et continuer à servir ses maîtres, en des pays étrangers, ne pouvait être dangereux, ni par ses sentimens, ni par sa quantité. L'événement a justifié, en tout, leur façon de penser à cet égard, et démontré pleinement qu'une conduite, à-la-fois, éclairée et humaine, était loin de produire de funestes effets. Au contraire, il paraît que cette époque intéressante aux yeux de l'humanité, a aussi été celle du prompt accroissement de Baltimore, et, par conséquent, de l'augmentation rapide du commerce, des cultures, des manufactures, etc., de toute la Province dont cette ville est le principal entrepôt et le centre d'activité. Tant il est vrai qu'une sage politique peut s'accorder avec une bienfaisance réfléchie, que des procédés honnêtes et généreux ne sont jamais à pure perte, et qu'à bien considérer les choses, outre qu'il est honorable, en toute circonstance, il est même avantageux, bien souvent, d'être sensible et bon !

Maintenant, à cette esquisse faible, mais fidèle, de la conduite franche et magnanime des Américains, avec les Colons de St.-Domingue, opposons la peinture des procédés inhumains des gens de la Louisiane envers ces mêmes Colons, procédés aussi agrestes et sauvages, en tout, que l'est le pays d'où ils proviennent. D'abord, à peine les Louisianais ont-ils connaissance des malheureux événemens survenus dans les Antilles, à la suite et par un effet immédiat de la Révolution française, qu'ils s'empressent à faire dresser, par le Cabilde ou Corps municipal de leur Colonie, un Réglement portant défense expresse d'y introduire des nègres sortant de ces lieux, et notamment des Iles françaises, sous peine même de quatre cens piastres d'amende par tête de nègre, que le maître serait obligé de payer au profit de la Colonie, d'arrestation, et de prompt renvoi desdits nègres hors du pays. Ils requèrent et obtiennent du Gouverneur-général la promulgation, sur les lieux, de ce réglement prohibitif ; et non, contens de cette mesure, ils en font demander, auprès de la cour d'Espagne, la confirmation, rendue effectivement au mois de Janvier 1793. Par la voie de leur Cabilde, ils ont fait, ensuite, rigoureusement tenir la main à l'exécution de ce réglement, sans aucune considération, ni exception quelconque en faveur des Colons français accumulés au nord de l'Amérique, (dans un pays dont ils n'entendaient pas la langue, et dont le climat leur était contraire) et qui, sans cette rigoureuse interdiction . seraient venus en grand nombre s'établir ici, et y porter les débris de leur fortune et leurs talens, s'ils avaient pu y amener avec eux quelques domestiques fidèles qui ne les avaient jamais abandonnés.

Quelques-uns de ces Colons, n'ayant point connaissance de ce Réglement intérieur, ou bien croyant qu'au bout de quelques années, il était tombé en désuétude ou retiré, se sont transportés, par les terres, du nord de l'Amérique en ce pays, dans les derniers tems, nantis, au surplus, de passeports, délivrés par l'Ambassadenr de Sa Majesté Catholique près des Etats-Unis, pour venir résider ici avec leurs familles et leurs domestiques. Admis déjà tacitement par le Gouvernement espagnol, plus sensible à leurs misères que leurs ci-devant compatriotes, ils n'ont pas tardé à être dénoncés, poursuivis par la canaille louisianaise, et se sont vus enlever, de force, leurs domestiques (des femmes et des enfans), qu'on a traînés dans les prisons, où ces misérables créatures ont été détenues, plus ou moins de tems, aux frais de leurs maîtres, avec réquisitions instantes et réitérées, que formait un tas d'individus sans ame et sans cœur, de les faire renvoyer du pays ; jusqu'à ce que le Gouvernement espagnol, laissant tomber la fermentation des esprits à ce sujet, ait pu les faire sourdement remettre à leurs propriétaires.

Cet esprit de dureté et d'inhospitalité est tel en ce pays, qu'un particulier, qui prenait quelque intérêt au sort d'une habitante de St.-Domingue, réfugiée ici, avec ses enfans, et dont on retenait, depuis plus d'un an, trois négresses servantes, dans les prisons de la ville, s'étant avisé de dire, dans un cercle de commères louisianaises, que cette dame, chargée d'enfans, hors de son pays, et ayant peu de moyens, était bien malheureuse de n'avoir pas, au moins, une de ses trois servantes, pour apprêter le manger et blanchir le linge de sa famille, et d'être obligée de prendre, sur ses faibles moyens, de quoi payer une cuisinière et une blanchisseuse : ,, Ah ! dit alors, d'un ton mêlé d'aigreur et d'ironie, et d'une voix traînante, une de ces charitables commères, ,, elle est bien à plaindre, ,, cette belle dame du Cap ! Si elle n'a pas de quoi ,, payer, qu'elle blanchisse son linge et fasse sa cui- ,, sine elle-même ,, : et toutes les autres, aussitôt, de l'applaudir unanimement par des éclats de rire grossiers et ricaneurs. A la fin, cependant, et malgré les bonnes dispositions, à son égard, des personnes de son sexe, elle a eu ses trois servantes, au bout de quinze mois d'arrestation, et moyennant trois cents piastres de dépenses et de frais à ce sujet, indépendamment de ce qui, du reste, lui en a coûté par une privation aussi longue de ses domestiques.

En un mot, dans cette conduite indigne des Louisianais envers leurs malheureux compatriotes et leurs anciens bienfaiteurs, il n'a manqué, de leur part, pour couronner l'œuvre, que d'exiger le paiement de l'amende de quatre cents piastres par nègre introduit, au bénéfice de leur pays, conformément au Réglement publié ici et non ailleurs ; et c'est ce qu'ils n'auraient pas manqué de faire, si le Gouvernement y eût prêté la main. Et particuliers, et Cabilde, ils y auraient, en général, contribué de bon cœur. Je ne dis pas pourtant que tous fussent pareillement disposés. Mais il est de fait que, dans le petit nombre de ceux qui n'approuvaient point de tels procédés envers d'anciens compatriotes accablés de malheurs, il ne s'en est pas trouvé un seul qui ait élevé la voix contre un pareil ordre de choses, et fait sentir l'odieux de cette conduite inhospitalière, un seul qui ait plaidé la cause intéressante de quelques malheureux Colons de St.-Domingue, réfugiés ici et dépouillés de ce reste de propriétés, d'un petit nombre de domestiques, un seul enfin, qu'on ait vu s'employer, avec quelqu'énergie, pour faire cesser, partiellement, au moins, ces vexations, si honteuses pour le pays où elles s'exerçaient ; et que c'est uniquement à des Espagnols que ce petit nombre d'infortunés étrangers a dû quelque amélioration dans son état, quelque adoucissement à ses peines.

Et qu'on ne dise point qu'il existât ici un danger imminent à y admettre des familles de St.-Domingue avec leurs domestiques, lorsque, par les faits, il était suffisamment démontré que ce danger n'avait été, ni supposé, ni réel, dans les Etats américains où l'on compte plus de six cens mille esclaves, et qui sont, la Georgie, les Deux Carolines, la Virginie et le Maryland. Au fond, qu'avait-t-on à craindre d'un nombre aussi peu considérable de domestiques, qui avaient d'ailleurs fait preuve de fidélité et d'attachement à leurs maîtres, en quittant St.-Domingue, leur sol natal ou leur patrie adoptive, où tout les engageait à rester, pour suivre volontairement ces blancs, leurs maîtres, dans des contrées étrangères, et qui leur étaient inconnues; et sur-tout, lorsque ces maîtres se rendaient responsables de la conduite de leurs domestiques? On sent bien qu'il n'existait, en ces mesures de prohibition, ainsi qu'en la manière dont on les a mises en vigueur ici, aucune vue directe d'intérêt public, aucune crainte bien fondée à cet égard, mais plutôt une tournure d'esprit étroite et minutieuse, une dureté de cœur naturelle, une basse envie qui semblait s'indigner de la prospérité passée des Colons de St.-Domingue, s'applaudir de leurs misères actuelles, se plaire enfin à leur ôter jusqu'à une planche dans leur naufrage, et à leur en arracher les débris, et finalement, un fond d'égoïsme et d'inhospitalité dont on voit peu d'exemples ailleurs. Voilà quels étaient et quels sont les sentimens des Louisianais, à l'égard de leurs anciens compatriotes de St.-Domingue, sentimens pleinement confirmés par la conduite ostensible des premiers envers les derniers. Aussi, bien peu de ces derniers ont-ils été chercher un refuge sur cette terre sauvage et inhospitalière, et le petit nombre que son malheureux sort y a poussé, a-t-il eu tout sujet de s'en repentir, à la réserve de quelques raffineurs et ouvriers, dont on avait ici besoin pour l'établissement des sucreries, et qui y ont été bien reçus, en conséquence de l'utilité dont ils pouvaient être à cet effet. Presque tous les Colons de cette Ile infortunée, errans hors de leur pays, loin de leurs propriétés, mais instruits des traverses auxquelles ils devaient s'attendre ici, ont aimé mieux traîner leur existence et leurs peines parmi les Américains, les Danois, les Hollandais, les Espagnols, les Anglais même, en guerre avec leur patrie, et qui tous, plus ou moins, les ont accueillis, que de se rendre en cette Colonie, anciennement française, et qui l'est encore par l'origine de la plupart des Colons, par les habitudes extérieures, et par le langage, mais nullement par le caractère, qui n'a nul rapport avec cette ouverture de cœur et ce penchant à l'hospitalité, qui distinguent particulièrement le vrai Français. Il paraît que, depuis trente et quelques années que ce pays a passé sous un autre régime, le caractère national s'y est abâtardi, si tant est même qu'il y ait jamais existé pleinement.

On peut bien s'imaginer, du reste, après ce qui vient d'être rapporté, que ces mêmes Colons de St.-Domingue, à qui on a disputé, en ces lieux, jusqu'à la faculté d'en respirer l'air et d'y vivre paisiblement avec leurs faibles ressources, n'ont pas dû y recevoir la moindre assistance, ni du Gouvernement, ni encore moins des particuliers. Et cela est ainsi. Vexés en tout, bien loin d'être protégés, insultés au lieu d'être plaints, abandonnés de tous, et entièrement isolés dans une contrée qui fut, elle-même, lors de son établissement, un lieu d'exil, et qui pourrait l'être encore à bien des égards, ces infortunés, en petit nombre heureusement, et qu'une femme du pays, en parlant d'eux et plaisantant à leur sujet, appellait ironiquement, *Les échappés de St.-Domingue*, n'ont pas tardé à secouer la poussière de leurs pieds, et à fuir de cette terre encore sauvage, aussitôt que les circonstances le leur ont pu permettre; et même quelques-uns d'entre eux se sont empressés à le faire, avant la cessation des hostitilités, et au risque d'être pris par les corsaires ennemis, qui, plus humains que les Louisianais, n'ont pas toujours dépouillé l'infortune, et l'ont, au contraire, quelquefois soulagée. Voilà quelle a été la conduite d'une peuplade, ci-devant française, envers de malheureux

français

Français d'une Colonie dont elle avait toujours reçu des secours et des témoignages de bienfaisance; conduite entièrement opposée à celle de diverses nations étrangères, et notamment de l'état de Maryland, à l'égard de ces mêmes Français, ainsi que je l'ai déjà rapporté. Ce sont des faits notoires, et bien différens les uns des autres, qu'il est bon de consigner dans la mémoire des hommes, afin que, par le contraste frappant de la sensible humanité et du cruel égoïsme, et par les sentimens divers de plaisir et d'indignation que doit leur inspirer ce rapprochement, ils se pénètrent bien du noble devoir qui leur est imposé à tous de s'entre-aider mutuellement. Et puisse même le Louisianais, au cas que cet ouvrage parvienne jusqu'à lui, contemplant l'image de ses défauts réfléchis dans ce miroir fidèle, en rougir, et, qui plus est, faire d'utiles efforts pour s'en corriger, et pour effacer ainsi la honte qui en rejaillit sur lui !

De cette peinture des imperfections morales qui sont communes aux Louisianais, je passe volontiers aux détails de quelques bonnes qualités qu'il serait injuste de leur refuser, et qu'on sait, d'ailleurs, pouvoir s'allier, avec des vices et des défauts qui leur semblent opposés, dans le cœur de l'homme, dans cet abîme impénétrable de contradictions, qui réunit, par fois, les extrêmes, et les confond ensemble. Fidèles à leurs engagemens, bons maris, pères tendres, et fils soumis, ils sont, en outre, laborieux, industrieux mêmes, très-propres aux arts mécaniques, ouvriers par instinct, et imitent facilement tous les ouvrages qui dépendent et de la justesse du coup-d'œil et de l'adresse de la main. Ils ne sont point adonnés au libertinage : et même, quoique fort ignorans, ils ont, dans leur jeunesse, une certaine perspicacité naturelle et une disposition particulière à apprendre le peu qu'on leur enseigne. Il est vrai que c'est un feu de paille, qui s'éteint bientôt, faute d'alimens et d'entretien. Peut-être il ne leur faudrait, pour développer leurs facultés intellectuelles et donner du ressort à leurs ames engourdies, que des maîtres habiles, et de bonnes institutions; et c'est ce qui a toujours manqué, et manque au pays. Peut-etre aussi, (et je le crois beaucoup) que de telles institutions ne pourront jamais prendre racine dans le lieu même, et qu'il faudra, de toute nécessité, que la jeunesse créole (pour en tirer parti) soit dépaysée, et envoyée par-delà les mers, en Europe, ou, tout au moins, dans quelqu'un des principaux Etats du nord de l'Amérique, où il s'est formé, depuis quelques années, d'assez bons colléges, dont le nombre et le mérite s'augmenteront avec le tems.

CHAPITRE XXIX.

Observations sur les Créoles blanches.

DES hommes passons aux femmes, cette portion intéressante de la société. Nous avons déjà observé leur extérieur : examinons ce qui tient, en elles, au moral. A cet égard, ainsi qu'au physique, elles ont plus d'avantages et gagnent plus à être connues que les hommes. Elles ont, en général, plus de pénétration et moins de rudesse. Aussi mal instruites qu'eux, ce défaut d'éducation est bien moins sensible en elles ; et les mauvaises qualités qui en résultent, ne sont pas, à beaucoup près, aussi apparentes dans les unes que dans les autres. Plusieurs d'entre elles ont même un esprit naturel et un instinct de sociabilité, dont il est peu d'hommes, en ce pays, qui soient doués au même point. Qu'un étranger de quelque apparence entre dans une habitation et y demande le couvert, ce sera, d'ordinaire, la maîtresse du lieu qui le recevra, qui l'entretiendra, qui fera tous les honneurs de la maison, tandis que le maître, après quelques minutes d'une conversation, où il aura mis peu de chose, et sera resté, bien souvent, sur les épines, ira, sans façon, à ses occupations agrestes, et ne reparaîtra qu'à l'heure du repas, se montrant plutôt l'agent subalterne que l'époux de la dame. Aussi les Louisianaises, ayant plus de tête et d'intelligence que leurs maris créoles, prennent-elles sur eux un ascendant qui dérive de la supériorité d'esprit et de la trempe du caractère; et il n'en résulte aucun abus sensible, le ménage n'en étant pas moins uni.

Mais la chance est différente, alors que ces mêmes femmes sont unies à des Européens. Cet ascendant n'existe plus de leur part; ou bien, si elles veulent, bongré, malgré, s'en saisir et en jouir, à l'exemple de celles d'entre elles mariées à des créoles, il résulte, de cette prétention, que leurs époux ne veulent pas reconnaître, un choc perpétuel, un conflit discordant, qui amènent des scènes scandaleuses, et finissent communément par l'abandon qu'ils font d'elles. On voit dans ce pays, et sur-tout en ville, un grand nombre de femmes qui ne sont, à bien dire, ni filles, ni femmes, ni veuves, et dont les maris, las de lutter contre elles, et renonçant à l'espoir de les assouplir, sans vouloir pourtant leur céder l'empire et se mettre au niveau des époux créoles, ont pris enfin le parti de battre en retraite et de les planter là, abandonnant, nouveaux Belphégors, et leurs revêches Honestas, et le pays qu'elles habitent.

Au reste, les Louisianaises, et notamment celles nées et résidentes sur les habitations, ont diverses qualités estimables. Filles respectueuses, épouses affectionnées, tendres mères, et soigneuses maîtresses, possédant bien les détails de l'économie domestique, honnêtes, réservées, décentes,... à la tête près, ce sont, en général, de bien bonnes femmes. Un mari n'est-il pas encore trop heureux d'avoir la paix dans son ménage, au prix du sacrifice qu'il fait d'une partie de son autorité, quand, d'ailleurs, on lui tient compte de ce sacrifice par tout ce qui peut le lui faire oublier. Mais, c'est qu'il est des hommes qui n'entendent point raison sur ce chapitre, et qui veulent être hommes dans toute la force du terme. Eh! qu'en arrive-t-il enfin? Rien de bon. Des bisbilles on en vient aux scènes, aux éclats, et delà, au divorce de fait, s'il ne l'est de droit.

C'est, peut-être, en partie, à ce caractère peu flexible et même altier des Louisianaises, trop développé, trop connu maintenant, aussi bien qu'au luxe, qui s'est introduit depuis dix à douze ans dans cette Colonie, qu'il faut attribuer le petit nombre de mariages qui se font actuellement en ce pays couvert de filles nubiles et archi-nubiles, qui languissent dans le célibat et dans l'attente d'un himen toujours en perspective, et qui semble être, pour ces Vestales infortunées, la coupe de Tantale. Il est à observer, en outre, qu'en ce pays le nombre des filles excède beaucoup celui des garçons : autre inconvénient, qui rend encore plus défavorable la chance des premières. Aussi la naissance d'un garçon flatte-t-elle bien davantage les parens que celle d'une fille, qui ne fait qu'allonger une liste considérable, et accroître une disproportion réellement trop grande, entre les individus des deux sexes, en mettant un poids de plus dans un des plateaux de la balance qui n'est déjà que trop chargé.

Au demeurant, il me paraît inutile d'observer que tout ce qui vient d'être exposé relativement au physique et au moral des Créoles de la Louisiane, hommes et femmes, n'est que sous un point-de-vue général et qui comporte, à tous égards, bien des restrictions. Si, parmi eux, il est beaucoup d'hommes ignorans, durs, intéressés, faux, médisans, glorieux, et hâbleurs, on en voit d'autres, en revanche, éclairés, humains, généreux, sincères, complaisans, modestes, et véridiques, particulièrement ceux qui ont été élevés en Europe ; il est seulement dommage que le nombre de ces derniers soit très-circonscrit, et qu'on soit forcé à dire d'eux : *Sunt rari nantes in gurgite vasto*, ou bien, ce que Boileau disait des honnêtes femmes de Paris : *Il en est jusqu'à trois, que je pourrais citer.* De même, s'il existe ici beaucoup de femmes altières et revêches, il en est d'autres, aussi, d'un caractère flexible et liant. S'il se trouve une quantité de filles ennuyées et fatiguées de leur état, il s'en voit, pareillement, qui n'y font pas attention, ou, du moins, qui le supportent avec courage, et font de patience vertu. Il n'est pas, comme on dit, de règle sans exception.

CHAPITRE XXX.

Observations sur les Etrangers blancs.

APRÈS avoir parlé des Créoles, passons aux Érangers, formant la plus petite partie des Colons, et dans qui l'on reconnaît toujours la trempe du caractère national, quoique altérée et viciée.

Les Français qui habitent la Louisiane, à la réserve d'un petit nombre de personnes honnêtes et distïnguées, sont, ou des gens de commune extraction, et privés des avantages d'une éducation soignée, ouvriers, petits marchands, et cultivateurs, ou bien des aventuriers qui, de la Métropole ou des Colonies françaises, dont ils ont été contraints de disparaître, pour fait de banqueroutes, enlèvemens de filles ou de femmes, abus de confiance, spoliations diverses, et autres gentillesses de cette nature qui leur auraient mérité, de la part de leurs concitoyens, quelques corrections exemplaires, s'ils eussent resté plus longtems, parmi eux, sont venus se réfugier en cette contrée plutôt qu'ailleurs, d'abord, en ce qu'ils y étaient admis sans nulle

nulle difficulté, et ensuite, parce qu'à l'avantage d'y être à l'abri d'un Gouvernement étranger, ils trouvaient réuni celui de n'y point quitter le langage et les habitudes qui leur étaient propres. Et, parmi les uns et les autres, il en est, soit des premiers, qui y ont fait fortune et s'y sont décrassés, soit des derniers, qui y sont pareillement devenus riches, et, qui plus est, honnêtes gens, ou en ont pris le masque; ce qui revient au même, aux yeux de bien du monde.

Les Espagnols sont, ou des personnes occupées dans les divers emplois de la robe, de la plume, et de l'épée, faisant leurs orges à l'envi les uns des autres, aux dépens du roi, leur auguste maître, et du public, leur très-humble serviteur (à la réserve de quelques uns d'entre eux qui, conjointement avec un petit nombrede Français, d'Anglais, et d'Américains, sont ce qu'il y a d'honnête et de bien composé, en général, parmi tous les étrangers de diverses nations que l'on voit ici) ou des Catalans, gens du commun, presque tous cabarétiers et petits marchands, s'aidant et se soutenant entre eux, comme larrons en foire, et courant à la fortune par toute voie imaginable, en dépit souvent de l'honneur et de la bonne foi.

Les Anglais ou Irlandais, et les Américains, sont, presque tous, commerçans en ville. Parmi eux se trouvent des personnes bien élevées et remplies d'honnêteté, comme il en est également d'autres aussi grossières que peu scrupuleuses : et c'est ce qu'on peut appeler marchandise mêlée, ainsi que cela doit être ordinairement parmi des gens de toute classe que réunit le commerce. Il y a, de plus, un certain nombre d'Américains établis, comme cultivateurs ou comme artisans, dans les Postes éloignés, lie et rebut de leur patrie, ainsi que certains Français dont j'ai déjà parlé, mais que la fortune n'a point décrassés ou purifiés, comme plusieurs de ces derniers, et qui, par conséquent, ne pouvant jouer méthodiquement, à leur tour, et à l'exemple de ces favoris de la fortune, le rôle de gens comme il faut ou celui d'honnêtes gens, sont demeurés *in statu quo*, et tels qu'ils étaient d'abord, c'est-à-dire, de pauvres hères ou des fripons fieffés.

Les Acadiens sont les restes ou les descendans de ces Colons français transportés directement du fond de l'Amérique septentrionale, leur patrie, ou de l'Europe, ici. On leur a distribué des terres, des instrumens aratoires, et on les a nourris et vêtus durant les premiers tems de leur translation et résidence en ce pays. Mais, du reste, il n'a pas été possible au Gouvernement espagnol de changer leur naturel paresseux, de réveiller leur profonde apathie, et de leur inspirer, enfin, une activité dont les germes n'étaient pas en lui-même. Ce sont des hommes grossiers, (honnêtes gens, au demeurant) lents, sans ardeur pour le travail, à vues étroites, à petits moyens, vivant misérablement dans leurs chétives plantations, et bornant tous leurs soins à cultiver du maïs, élever des gorets (comme ils disent) ou pourceaux, et faire des enfans. Aussi, tout à l'entour de leurs pauvres et rustiques demeures, on ne voit que marmots déguenillés et cochons, tous pêle-mêle et aussi malpropres les uns que les autres, et, aux portes des cabanes, de grands brins de filles aussi roides que des barres, et de gros rustres de garçons aussi sauvages qu'elles, entièrement désœuvrés la plupart du tems, et regardant niaisement passer les allans et les venans, les uns et les autres vêtus de cette grossière cotonnade à fond et raies de couleur qui se fait chez eux, mais lentement, comme tout le reste.

Les Allemands étaient autrefois en assez grand nombre dans cette Colonie, où on les avait transférés, comme l'ont été depuis les Acadiens. Il ne subsiste plus de ces importés, vu l'ancienneté de leur translation. Mais il est venu ici, depuis ce tems, quelques autres individus de cette nation, qui existent encore, et qui, de même que la plupart des Créoles de race allemande, assez nombreux dans le pays, sont aisément reconnaissables, soit par leur accent, soit par un teint haut en couleur et blond, soit enfin par leur penchant à l'ivrognerie, leur inhospitalité, leur dureté de caractère, pour ainsi dire, innée, et cette brutalité farouche qui semble être affectée au commun de cette nation; du reste, honnêtesgens, cultivateurs laborieux, et artisans adroits, quoique aussi fortement attachés (et ce ne n'est pas peu dire) à leur routine qu'à leurs intérêts, et peu ou presque point susceptibles de grandes vues.

Il existe, en outre, dans la classe infime des Étrangers, quelques Italiens adonnés à la pêche, des Islennes ou Canariens, occupés du jardinage et de quelques autres menus objets de consommation, et même jusqu'à des Bohêmes, qu'on a réussi à y domicilier, et qui sont, presque tous, danseurs ou ménétriers.

A cet égard, j'ose dire qu'il est peu d'endroits au monde où l'on puisse voir, dans un local de pareille étendue, l'espèce humaine aussi diversifiée, en nations, en races, et en couleurs, qu'à la Nouvelle-Orléans, dans les mois de janvier, février et mars, où le concours d'individus y est plus considérable et plus varié qu'en tout autre tems. C'est réellement un spectacle original, et qui semble réservé à ce petit coin du monde.

CHAPITRE XXXI.

Observations sur les Affranchis.

La classe des affranchis est composée de nègres, et principalement de mulâtres, d'origine esclave, qui tous ont acheté ou obtenu la liberté de leurs maîtres, ou la tiennent de leurs parens qui l'avaient ainsi acquise. Une partie d'entre eux, résidente à la campagne, y cultive des vivres et principalement du riz, et quelques petits champs de coton. Un grand nombre, hommes, femmes et enfans, entassé dans la ville, s'y occupe, les uns, des arts mécaniques, pour lesquels ils ont beaucoup d'aptitude et peu d'attachement, ou de quelque petit commerce de détail, et les autres, de la chasse dont ils rapportent et vendent le produit en ville.

Les mulâtres, en général, sont fainéans, débauchés, ivrognes, menteurs, vaniteux, insolens, et lâches. Ils haïssent foncièrement les blancs, auteurs de leur existence, et leurs primitifs bienfaiteurs. Et, comme la politique du Gouvernement espagnol est de les soutenir jusqu'à un certain point, cette aversion naturelle, ainsi appuyée, amène, par fois, des scènes scandaleuses entre eux et quelques blancs. Mais, vu qu'il y a dans ce pays au moins six blancs contre un affranchi, cette considération, jointe à leur pusillanimité innée, est un frein à leur arrogance.

Les mulâtresses, n'ont pas tous les défauts des mulâtres. Mais elles se rapprochent d'eux, par leur propension au libertinage, leur vanité, qui est le péché mignon des uns et des autres, et (par un effet de cette même vanité) leur haîne pour la classe des blancs, en général, et pour les femmes blanches, en particulier, haîne qui est subordonnée, au reste, à leur intérêt personnel, puisqu'un grand nombre d'entre elles vit en concubinage avec ces mêmes blancs, par un esprit de cupidité, bien plus que par les liens d'un sincère attachement.

Les uns et les autres sont d'une complexion forte, et d'une taille moyenne et bien proportionnée. Mais ils ont les traits durs, et une physionomie peu avenante; et leur peau même semble être ici plus grossière et plus livide qu'ailleurs.

Les reste des gens libres a plus ou moins de rapport avec ces premiers, sans avoir pourtant le même fond d'arrogance et de vanité.

CHAPITRE XXXII.

Observations sur les Nègres esclaves.

Nous voici rendus à la classe des esclaves, nègres, nègresses, etc., la plus nombreuse des trois et la moins fortunée. Ceux créoles du pays, ou nés dans quelqu'autre Colonie européenne, et transférés ici, sont les plus adroits, les plus intelligens, les moins sujets aux maladies chroniques, mais aussi les plus paresseux, les plus coquins, et les plus débauchés. Ceux venus de Guinée, sont moins propres au service domestique ou aux arts mécaniques, plus bornés, plus souvent victimes des maladies violentes ou de langueur, (sur-tout dans les premiers tems de leur translation) mais plus robustes, plus laborieux, plus convenables aux travaux de la culture, et moins fripons, moins libertins, que les premiers. Telles sont les marques distinctives des uns et des autres : et, quant au reste, ils se ressemblent assez dans le physique et dans le moral.

C'est une espèce d'hommes que la nature semble avoir destinée à l'esclavage, par la tournure de leur esprit, leur disposition à se laisser conduire, leur incapacité morale, et, pour ainsi dire, une direction particulière, une propension innée, une tendance élastique, en eux, vers un état purement passif, en cela tout-à-fait différens des sauvages ou indigènes de l'Amérique, aussi ennemis de la sujétion, que les nègres y sont naturellement portés : comme on voit, parmi les animaux, certaines espèces que leur instinct dirige à l'état de domesticité, et d'autres, au contraire, qui s'en éloignent, et qu'on ne peut y soumettre en aucune façon.

Relativement au caractère opposé, à cet égard, de ces deux espèces d'hommes, c'est un spectacle, philosophique et instructif, qu'on a, sous ses yeux, en cette Colonie ; et dont on peut tirer les inductions suivantes. Si la nature avait départi aux nègres le même instinct qu'il a imprimé aux sauvages, il est certain qu'au lieu de s'assujétir, machinalement et gratuitement, aux travaux toujours renaissans de la culture, à la discipline d'un atelier, aux rudes punitions qui leur sont infligées en cas d'infraction de cette discipline, ils abandonneraient, d'emblée et spontanément, les habitations où ils travaillent sans cesse et sans bénéfice, et où, d'ailleurs, ils ne sont point enchaînés, pour gagner les bois voisins, s'enfoncer dans l'intérieur du pays, et là, vivre indépendans, à l'instar des sauvages, avec d'autant plus de sujet que leur paresse naturelle

turelle aurait encore de quoi s'applaudir d'une semblable résolution, et les engager à y persister.

Serait-ce l'incertitude d'une subsistance assurée, dans ce nouveau genre de vie, qui les tiendrait soumis au joug? Mais on sait bien que leur conception ne va pas jusqu'au point de s'occuper, même à cet égard, de l'avenir : et, au surplus, l'exemple des sauvages existant de cette manière, en diverses peuplades, suffirait pour les rassurer. Serait-ce la crainte d'être poursuivis et atteints par leurs maîtres au fond de ces vastes contrées, ramenés dans leurs ateliers, et châtiés rigoureusement de leur évasion? Tout bornés qu'ils puissent être, il ne faut point s'imaginer qu'ils le seraient assez pour concevoir une crainte aussi chimérique, en raison de la difficulté, presque insurmontable, pour une poignée de blancs, de les poursuivre et de les atteindre au centre de ces régions sauvages, et sur-tout de les en retirer; difficulté si grande, à tous égards, qu'à l'examen elle se transforme en impossibilité dont les nègres seraient intimement convaincus. Serait-ce aussi l'appréhension d'être arrêtés et ramenés à leurs maîtres par les sauvages, ou, tout au moins, combattus par eux? Un pareil motif de frayeur n'est pas plus fondé que les précédens, vu que les nègres, désertant les ateliers, partant en masse, et pénétrant dans de si vastes contrées, épouvanteraient plutôt les modiques pelotons de sauvages errant de loin en loin, dans ces déserts, qu'ils n'auraient sujet d'en être effrayés, et trouveraient, d'ailleurs, à se placer commodément et sans porter aucun ombrage à ces petites peuplades, en s'éloignant des limites de la Colonie, et se fixant en des lieux solitaires, où la nature est encore maîtresse d'elle-même, et leur offrirait une retraite paisible et assurée. Au surplus, cette crainte d'être inquiétée par les naturels du pays, est si dépourvue de réalité, que le petit nombre de nègres qui s'est réfugié parmi eux, y a presque toujours trouvé un asile, et qu'on a vu même plusieurs de ces nègres, après un laps de tems considérable, abandonner cet asile, pour retourner volontairement auprès de leurs maîtres, et rentrer dans leurs ateliers, comme le chien, échappé de son chenil, y revient de lui-même et par un instinct de servitude.

Seraient-ce enfin la comparaison que les nègres feraient de leur état à celui des sauvages, et la préférence qu'en dernière analyse, et toute balance faite, ils donneraient au leur ? Il est à présumer, en effet, que cette perspective finale peut influer sur leur conduite et leurs déterminations particulières. Mais, ce qui l'emporte ouvertement sur toute espèce de motif isolé, de cause accidentelle, ce qui constitue le mobile principal de leurs actions, et forme l'essence de leur caractère, est, comme je l'ai déjà dit, cette irrésistible propension, cet instinct machinal, qui les dispose et les attache à la servitude, ainsi que le pigeon au colombier, la volaille aux basses-cours, et le bœuf au joug, état dont ils ne s'élèvent momentanément que pour se livrer à toutes sortes d'écarts, et dans lequel ils retombent bientôt après; d'une manière ou d'une autre, et comme étourdis de cette ivresse morale et de l'égarement où elle les a plongés.

Pour mieux faire sentir ce pouvoir de l'instinct, cette force du naturel, je me bornerai à poser deux ou trois questions liées ensemble, et qui m'a-meneront à la conclusion de mes principes. A-t-on jamais pu soumettre, en aucune contrée de l'A-mérique, le sauvage à ce même état de servitude, et en tirer parti? Toutes les tentatives qu'on a faites à ce sujet, n'ont elles pas été infructueuses? A-t-on pu jamais plier leur esprit indépendant à cet état d'abjection? Ce ressort puissant, qui est en eux, n'a-t-il pas toujours conservé sa force et son in-destructible élasticité? A-t-on pu détruire, enfin, ce mécanisme invariable, sans détruire aussi la ma-chine, et briser le caractère, sans tuer l'individu? N'est-ce pas, en un mot, cette impossibilité bien reconnue, bien constatée, par l'expérience et le tems, de soumettre positivement cette espèce d'hommes à l'esclavage, qui a enfin déterminé les Gouvernemens Espagnol et Portugais à décréter la liberté de ces mêmes hommes qu'on n'avait jamais pu façonner au joug de la dépendance, et qui ont toujours préféré la mort à la servitude ; plutôt que de prétendues maximes de justice et d'humanité, qui n'ont jamais été la règle de conduite et la boussole de ces Gouvernemens, dans le régime intérieur de leurs Colonies ?

Il n'en est pas de même des nègres ; et l'esclavage est, pour eux, soit dans les contrées dont ils sont originaires, soit par-tout ailleurs, un état naturel, duquel ils ne sortent qu'avec violence, et dans lequel ils rentrent, au contraire, avec souplesse, et comme un troupeau de moutons dans l'étable. Et même les grandes scènes qui ont eu lieu, depuis quelques années, dans les Colonies françaises, et notamment en l'Ile de St.-Domingue, ne servent qu'à confirmer, qu'à corroborer mes réflexions à ce sujet, et viennent à l'appui de ce que j'ai déjà dit. Il est indubitable que les nègres, en cette dernière Colonie, théâtre de tant d'événemens désastreux, n'ont jamais cessé d'être esclaves de fait jusqu'à ce jour, s'ils ne l'ont pas toujours été de nom, de quelques chimères qu'on les ait bercés, en quelque situation qu'ils aient pu se trouver, et sous quelque dénomination qu'on ait pu les désigner. Avant la Révolution, ils étaient esclaves de leurs maîtres légitimes ; dans les premières années de cette Révolution, ils l'ont été des Commissaires français et des mulâtres ; et depuis, ils le sont devenus de leurs chefs, nègres comme eux, et de quelques blancs et mulâtres, adjoints à ces chefs. On a bien détruit le mot, mais la chose est restée ; parce que le mot n'est rien et que la chose est tout, parce que mon manteau, par exemple, peut bien ne pas être apellé manteau, mais servira toujours à me couvrir, ainsi que sa destination le comporte, et parce qu'enfin, pareillement, le nègre esclave, peut bien être désigné sous toute autre qualification qu'on jugera convenable, mais ne pourra jamais être employé, avec avantage, dans les Colonies, autrement qu'il ne l'a déjà été avant ces troubles, à moins qu'on ne parvienne à changer son naturel, à détruire l'instinct qui le lie à la servitude, et à le rendre aussi propre, aussi bien disposé que le blanc à l'état de civilisation, c'est-à-dire, en d'autres termes, à moins qu'on ne réussisse à communiquer au loup les habitudes du chien, et au singe celles du mouton, à confondre ainsi les bornes de la nature, et à bouleverser l'ordre et les lois par elle-même établis. On a beau dire et argumenter contre : cela est ainsi. Et tous les raisonnemens de nos prétendus philosophes à révolution, de ces enthousiastes de la liberté générale, de ces charlatans négrophiles, échouent contre une série d'observations fondées sur l'expérience et justifiées par elle.

CHAPITRE XXXIII.

Continuation du Chapitre précédent.

MAIS, rentrons dans notre sujet, dont nous a un peu écarté cette digression relative à la force et à l'influence du naturel, et continuons l'examen du nègre esclave de la Louisiane. Il a généralement tous les défauts attachés à la servitude. Il est, sur toute chose, paresseux, libertin et menteur : mais il n'est pas foncièrement méchant. Néanmoins, d'après le ton d'effronterie qui est assez commun ici parmi ses semblables, leurs propos ordinaires, et même un certain caractère généralement moins souple, plus âpre, et plus décidé que celui des nègres des Antilles, qu'il faut attribuer tant au climat qu'à la forme du gouvernement et à la police des lieux, on peut légitimement présumer qu'une secousse politique en ce pays, de la nature de celles qu'ont éprouvé les Colonies françaises, y auraient des effets d'autant plus funestes, que les nègres me semblent être ici (comme je viens de le faire entendre) bien plus disposés à une insurection générale qu'ils ne l'étaient, à St.-Domingue, au moment de la crise révolutionnaire, et qu'il ne manquerait pas, vraisemblablement, de mauvais sujets de toute espèce et de toute couleur, qui, se mettant à leur tête, dans ce cahos général, les porteraient à des excès terribles et incalculables, en supposant que les circonstances y fussent alors aussi propres à ce bouleversement moral, qu'elles l'ont été à St.-Domingue, en ces tems désastreux ; ce qu'heureusement pour ce pays on ne peut admettre en aucune manière.

Les nègres, quoique soumis à des travaux suivis, ne sont point excédés d'ouvrage, à la réserve du tems de la roulaison dans les Sucreries, espace de deux à trois mois où réellement la masse des travaux n'est pas proportionnée à celle des travailleurs, qui s'en trouvent alors surchargés, de nuit et de jour, proportionnellement à leur nombre. On conviendra, sans doute, qu'un atelier de quarante nègres exploitant une roulaison de cent vingt milliers de sucre, et d'autant de barriques de sirop, dans le court espace de deux mois, froids, brumeux, pluvieux, de novembre et décembre, avec toutes les difficultés et les embarras divers, résultans de la rigueur de la saison, de la briéveté des jours, et de la longueur des nuits, n'a guères le tems de bâiller aux corneillers ou de dormir, et doit bien se manier, comme on dit ici, pendant ce tems-là. Il est vrai qu'on les nourrit alors plus copieusement, et, suivant l'expression coloniale, à la main. En tout autre tems et dans les autres cultures, il n'en est pas de même. Les travaux n'y sont pas excessifs : mais aussi la nourriture n'y est pas abondante

Dans un pays qui n'a point les ressources qu'ont les Antilles, et cette abondance de vivres divers presque toujours en rapport, tels que bananes, magnocs, patates, ignames, choux-caraïbes ou malangas, choux-palmistes, riz, maïs, mil, pois et fèves de tonte espèce, etc., et où le nègre n'a d'autre nourriture assurée que le riz, le maïs, et une espèce de petites fèves brunes, la ration réglée de chaque nègre, par mois, est composée seulement de la valeur d'un baril de maïs en épis, le maïs étant le seul vivre dont les récoltes soient assez abondantes en ce pays, pour qu'on puisse en tirer la subsistance nécessaire aux esclaves de la Colonie. Le riz, les fèves, et les patates, ne suffiraient pas pour en nourrir seulement le quart, à moins qu'on n'accrût beaucoup les plantations de ces vivres au détriment des cultures principales : ce à quoi les habitans ne seraient pas disposés. Il est quelques-uns d'entre ces habitans qui joignent à cette ration de maïs un peu de sel : et voilà tout.

Il faut que le nègre, aux heures qui lui sont réservées, s'occupe à dépouiller, égrainer, piler, bluter ou bien laver, suivant leurs diverses préparations, ce maïs, qu'il lui reste encore à faire cuire,

avec

avec le bois qu'il doit se procurer lui-même. Il faut pourtant qu'au point du jour, hiver comme été, il soit aux champs jusqu'à midi. Il y porte le matin, en s'y rendant, son déjeûner qu'il mange, entre huit et neuf heures, à l'endroit où ses occupations le retiennent. Le travail du maître est suspendu depuis midi jusqu'à deux heures de relevée, où il reprend, sans discontinuation, jusqu'à l'approche de la nuit, sous l'inspection ou du maître ou de l'économe, et sous la verge d'un commandeur nègre.

Le bon nègre, durant les deux heures de relâche qui lui sont accordées, ne perd pas son tems. Il va travailler à un coin de terre où il a planté des vivres pour son bénéfice, tandis que sa compagne, s'il en a une, est occupée à préparer quelques alimens pour lui, pour elle, et pour leurs enfans. Car, j'ai observé qu'en cette Colonie les enfans des esclaves ne sont pas nourris spécialement par les maîtres, ainsi qu'ils le sont aux Antilles, et que leurs pères et mères en restent chargés, moyennant une demi-ration de maïs pour chaque enfant, à compter seulement du jour de son sevrage, le lait de la mère, astreinte à son travail ordinaire, étant jugé suffisant pour le nourrir jusqu'alors : surcroît d'embarras et de peines pour ces malheureux êtres.

Retirés le soir dans leurs cabanes, les uns et les autres, après avoir préparé et fait un bien frugal repas (ce qui les tient éveillés encore assez tard), se reposent, à l'exception de quelques coureurs de nuit qui, faute de trouver des femmes parmi eux, (vu qu'en cette Colonie le nombre des négresses est dans une disproportion considérable avec celui des nègres, qui sont, pour le moins, trois hommes contre une femme) vont chercher ailleurs de bonnes aventures, et en trouvent quelquefois de mauvaises dans la rencontre fortuite d'une patrouille des habitans voisins qui les ramasse, et les renvoie le lendemain au matin, dans leurs ateliers, après une correction plus ou moins rude, et dont néanmoins le souvenir est bientôt effacé, par un effet de leur disposition morale, et parce que le besoin de la nature est encore plus vif en eux, que la sensation du châtiment n'est durable.

Leur nourriture ordinaire, est du maïs, ou un peu de riz et de fèves, cuit à l'eau et presque toujours sans graisse et sans sel, auquel ils ajoutent, par fois, une petite pièce de gibier sauvage qu'ils auront eu l'adresse de tuer dans la plaine ou dans le bois, et sur le choix duquel ils ne sont pas difficiles. Pour eux tout fait chair. Ils mangent volontiers du pichou, espèce de moyen loup ou grand renard, du chaouy, autre espèce d'animal sauvage plus petit, du chat et du rat des bois, de l'écureuil, et jusqu'à du crocodile, en laissant aux blancs le chevreuil et le lapin, qu'ils leur vendent quand ils en tuent.

Ils élèvent aussi de la volaille et des cochons,

mais n'en mangent point, ou ne font, à bien dire, qu'en goûter. C'est trop délicat pour eux : ils aiment mieux en faire de l'argent, ainsi que de leurs œufs. pour se procurer, soit quelque vêtement, soit tout autre objet plus à leur convenance, et sur-tout quelque petite mesure d'eau-de-vie de cannes, ou tafia, dont ils sont généralement avides, au point que, si l'on veut avoir un coup de main prompt et vigoureux de leur part, à défaut de fouet, on n'a qu'à leur promettre un filet, c'est-à-dire trois doigts de cette liqueur favorite à chacun, et on les fera voler, par ce moyen, à travers les flammes. Le tabac, fumé ou mâché, est encore un de leurs goûts particuliers.

On ne leur donne, pour unique habillement, durant toute l'année, qu'une modique couverture de laine qu'on distribue à chacun d'eux au commencement de l'hiver, et dont ils se font une espèce de manteau ou capote, qui les couvre de la tête aux bas des cuisses, en cette saison rigoureuse. Au surplus, croirait-on que leurs maîtres sont assez parcimonieux et regardans, pour retrancher une demi-heure sur leurs deux heures de relâche, à compter de la Toussaint jusqu'à Pâques, en compensation de la briéveté des jours durant cette saison ; et pour retenir et prélever, en outre, jusqu'au prix de la couverture de laine qu'ils donnent à chacun d'eux, à-peu-près comme M. Guillaume donne son drap, (article de trois piastres, au plus), soit sur les jours de dimanche dont les Ordonnances Coloniales assurent la disposition à ces misérables, ainsi que de leurs deux heures journalières, soit sur quelque autre objet qui puisse remplacer la valeur de cet important article, et servir de remboursement d'une telle avance à ces généreux Louisianais, au profit desquels travaillent pourtant leurs pauvres esclaves d'un bout de l'année à l'autre, sans aucun émolument, aucun bénéfice quelconque.

Leurs cabanes enfumées, sont composées de pieux et d'ais de cypre apposés les uns près des autres, et à travers lesquels pénètrent et la bise et la pluie. A ce sujet, il se présente, à ma plume, une petite anecdote, dont le fond, en lui-même, est peu de chose, il est vrai, mais dont le détail ne peut qu'intéresser toute ame sensible, en offrant un trait nouveau de la profonde indifférence des Colons de la Louisiane envers tout ce qui tient à l'humanité. Et je vais la rapporter ainsi qu'elle s'est passée, il y a peu de tems, sous mes yeux. Diverses personnes, dont je faisais nombre, profitant d'une de ces belles journées qui embellissent, par fois, l'hiver de la Louisiane, se promenaient, au déclin du jour, dans l'intérieur d'une habitation. Comme on traversait ce qu'on appelle improprement, en ce pays, *le camp*, qui est l'endroit où sont posées les cabanes à nègres, à une petite distance les unes des autres : „ Allons visiter la Cen-„ tenaire, dit quelqu'un de la compagnie ; et l'on s'avança jusqu'à la porte d'une petite hutte, où je vis paraître, l'instant d'après, une vieille négresse du Sénégal, décrépite au point qu'elle était pliée en double, et obligée de s'appuyer sur les bordages de sa cabane, pour recevoir la compagnie assemblée à sa porte, et, en outre, presque sourde, mais ayant encore l'œil assez bon. Elle était dans le plus extrême dénuement, ainsi que le témoignait assez tout ce qui l'entourait, ayant à peine quelques haillons pour la couvrir, et quelques tisons pour la réchauffer, dans une saison dont la rigueur est si sensible pour la vieillesse, et pour la caste noire sur-tout. Nous la trouvâmes occupée à faire cuire un peu de riz à l'eau, pour son souper : car elle ne recevait de ses maîtres aucune subsistance réglée, ainsi que son grand âge et ses anciens services le requéraient. Elle était, au surplus, abandonnée à elle-même, et dans cet état de liberté que la nature, épuisée en elle, avait obligé ses maîtres à lui laisser, et dont, en conséquence, elle lui était plus redevable qu'à eux. Or, il faut apprendre au lecteur qu'indépendamment de ses longs services, cette femme, presque centenaire, avait anciennement nourri, de son lait, deux enfans blancs, parvenus à une parfaite croissance, et morts avant elle, les propres frères d'un de ses maîtres, qui se trouvait alors avec nous. La vieille l'apperçut, et l'apellant par son nom, en le tutoyant (suivant l'usage des nègres de Guinée), avec un air de bonhomie et de simplesse vraiment attendrissant : « Eh bien ! quand feras-tu, » lui dit-elle, réparer la couverture de ma cabane ? » Il y pleut comme dehors ». Le maître leva les yeux et les dirigea sur le toît qui était à la portée de la main. « J'y songerai, dit-il ». — «Tu y songeras ! » Tu me dis toujours cela, et rien ne se fait ». — « N'as-tu pas tes enfans ? (deux nègres de l'atelier, ses petits-fils) « qui pourraient bien arran- » ger ta cabane ? N'es-tu pas leur grand-mère » ? — » Et toi, n'es-tu pas leur maître, et n'es-tu » pas mon fils, toi-même ?.... Tiens, ajouta-t-elle, en le prenant par le bras, et l'introduisant dans sa cabane, « entre, et vois-en, par toi-même, les » ouvertures. Aie donc pitié, mon fils, de la » vieille Irrouba, et fais, au moins, réparer le » dessus de son lit : c'est tout ce qu'elle te de- » mande, et le bon Dieu te le rendra ». Ces derniers mots furent prononcés par elle, d'un ton si expressif et si touchant, qu'en mon particulier j'en fus ému jusques au fond du cœur. Et quel était ce lit dont elle parlait, et dont elle suppliait que l'on réparât, au moins, le dessus, pour la mettre à l'abri de la pluie, aux heures du repos ? Hélas ! trois ais grossièrement joints sur deux traverses, et sur lesquels était répandue une couche de cette espèce de plante parasite du pays, nommée Barbe espagnole. Tel était le lit de repos de cette intéressante vieille, encore gaie, au sein de la plus extrême misère, et dans un âge aussi avancé. Le maître, en ricanant, lui réïtéra la promesse de faire arranger sa cabane, (promesse qui, peut-être, n'a pas eu plus d'effet après qu'auparavant), et la compagnie se retira.

Femme infortunée ! après avoir nourri de ton lait deux de tes maîtres, après de longs et assidus services, accablée sous le poids d'un siècle et des infirmités d'un si grand âge, au bord de ta fosse, et au cœur de l'hiver, hélas ! tu n'as ni vêtemens pour te couvrir, ni feu pour te réchauffer, ni même une subsistance assurée, et le toît de ta cabane est entr'ouvert, et la bise et la pluie fouettent sur ta misérable couche, et ton maître voit tout cela, et il y est insensible ! Ah ! pauvre Irrouba ! Je n'oublierai, de ma vie, et ta situation pitoyable, et ton humble et touchante prière, et l'apathique froideur de ton maître, du propre frère de tes nourrissons. Voilà ce que j'ai vu : et j'ai cru devoir le rapporter fidèlement, comme un trait servant à peindre les habitudes locales, et dont les exemples sont assez fréquens ici.

Les châtimens qu'en cette Colonie on inflige, d'ordinaire, aux nègres, sont, comme ailleurs, les fers et le fouet, suivant la nature du délit. Et, sur ce point, on ne peut pas dire qu'en bien des cas ils soient traités cruellement, ni même avec trop de sévérité. Par exemple, un vol qui, en Europe, amènerait son auteur aux galères, et quelquefois même au gibet, par l'importance du délit ou par les circonstances qui l'accompagnent, n'attire au nègre, qui l'a commis, que le châtiment du fouet et l'appareil d'un collier de fer. La désertion d'un soldat a été longtems punie de mort, et celle du nègre ne l'est encore que par le fer et le fouet. Et, quant aux corrections qui leur sont infligées relativement à l'ordre des travaux et au maintien de la discipline, tous les hommes engagés par état à l'exercice d'une profession quelconque, et notamment les soldats et les matelots, ne sont-ils pas, dans presque tous les Etats de l'Europe, en Angleterre sur-tout (ce pays si fier de sa constitution et de sa liberté) soumis, à cet égard, à des châtimens aussi rigoureux, et de même nature, à-peu-près, que ceux réservés aux nègres, en pareil cas. Le bâton, les verges, et les fers, ne sont-ils pas appliqués aux uns tout comme aux autres ? Et même, s'il existe une différence d'étendue dans la sévérité de la discipline et la rigueur des châtimens, cette différence n'est-elle pas, bien souvent, au désavantage des derniers ? Et, pour tout dire enfin, l'engagement du blanc, dans presque tout état et en tout pays, n'est-il pas, à bien des égards, l'équivalent de la servitude du nègre ; et l'un n'est-il pas, comme l'autre, astreint à la dépendance, et, par conséquent, aux diverses charges qui sont y inhérentes ? Je ne parle point ici du sauvage, exempt de cette dépendance générale, en ce que, par sa manière de vivre, il n'est ni pauvre, ni ni riche, et que, s'il ne jouit pas des avantages qui tiennent à l'état de civilisation, il n'en supporte point aussi les charges.

Ce n'est donc pas, à bien dire, l'esclavage et ses conséquences directes, qui me paraissent positivement contraires à l'ordre de la société, et en blesser les lois, puisqu'à la différence du mot près, il subsiste, en effet, dans toute contrée policée, et sous diverses formes, ainsi que je viens de l'observer. On peut donc considérer cet état, au fond, comme un mal nécessaire et qui entre dans la constitution du corps social: et, certainement, ce n'est pas là le seul état que, dans cet ordre de choses, on doive considérer sous un tel point de vue. Or, cela étant ainsi, (convenons - en de bonne foi) ce n'est que le mot d'*esclavage* qui effarouche et choque l'oreille. Eh bien, qu'on abolisse enfin ce mot déplaisant, et qu'on y en substitue un assez convenable pour en tenir lieu, celui, par exemple, de *dépendance*, que proposa Vaublanc, il y a quelques années, ou tout autre qui en soit l'équivalent: et ce grand procès sera terminé d'emblée. Car, souvent, on bataille plus sur les mots qne sur les choses, et l'on tient davantage à la forme de l'objet, qu'à l'objet même. Et quant aux abus qui, sans être absolument inhérens à cet état, l'accompagnent bien souvent, et dont tout homme sensible et humain a droit d'être révolté, leur suppression peut avoir lieu. De sorte qu'en faisant disparaître le mot, remplacé par une dénomination nouvelle, et en détruisant les abus par de bonnes loix bien exécutées, il serait possible, à ce que je crois, de donner une consistance admissible et régulière à ce même état, existant, plus ou moins, partout, et indispensable dans les Colonies. Voilà, en somme, et pour obvier à toute ambiguïté, mon sentiment, à cet égard, suffisamment exprimé.

En dernier examen, et tout bien réfléchi, le sort du nègre esclave de la Louisiane ne me paraît pas, à beaucoup près, aussi doux que l'était celui de ses semblables à St.-Domingue, avant la révolution, tant par rapport au climat, dont l'âpreté, durant quatre mois de l'année, offense le physique d'un être destiné à vivre sous la zône torride, que relativement à la nourriture, aux vêtemens, au travail, à tout ce qui le concerne enfin, et notamment à sa passion favorite, celle des femmes, qu'il ne peut satisfaire à son gré dans un pays comme celui-ci, où il se trouve à-peu-près, quatre nègres pour une négresse, et où l'on voit beaucoup d'ateliers composés de vingt-cinq hommes et de cinq ou six femmes. Aussi, n'apperçoit-on pas, dans les nègres de ce pays, cette même gaîté innée, cette disposition à la joie, qui se développe par des chants ou des propos joyeux, dans le cours même de leurs travaux, et par des danses accompagnées de grands éclats de rire, aux heures de relâche, ou aux jours de repos, ainsi qu'on l'observait fréquemment à St.-Domingue. Ici, le nègre est concentré en lui-même, et ne sort de ce profond engourdissement, de cette humeur sombre, qu'en s'abreuvant de tafia qu'il boit avec délice : et même alors sa vivacité bachique dégénère plutôt en esprit de querelle qu'en saillies de gaieté.

Le langage ordinaire des nègres esclaves, ainsi que de grand nombre d'affranchis de la Louisiane, est un patois qui dérive du Français, et qui a beaucoup de rapport avec celui qu'emploient leurs pareils aux îles françaises de l'Amérique. Mais une partie des affranchis, et des esclaves occupés ici au service domestique, parle aussi bien français que les maîtres : et cela ne veut pas dire que ce français-là soit très-épuré.

Leurs maladies les plus communes sont, des fièvres légères, au printems, de plus violentes, en été, des dissenteries, en automne, et des fluxions de poitrine, en hiver. Mais, en dernier résultat, parmi eux, la liste des mortalités n'est pas bien considérable, et celle des naissances paraît la balancer; ou, du moins, peu s'en faut. Voici ce qui le prouve. Jamais la traite n'a fourni ici beaucoup de nègres ; et depuis dix ans il n'en vient plus. Cependant les ateliers se sont, à quelque légère diminution près, soutenus jusqu'à ce moment, par les naissances qui ont suppléé, en grande partie, au vide qu'ont pu occasionner les mortalités. Ce n'est pas que les ateliers ne soient, en général, trop faibles actuellement, à proportion des cultures subsistantes, et que le besoin de l'introduction des nègres brutes ne soit très-sensible ici, pour cette raison.

CHAPITRE XXXIV.

Observations particulières sur les mœurs et usages du pays.

TERMINONS l'esquisse de ce tableau général, par quelques observations partielles et détachées sur les mœurs et usages de la Colonie.

Le luxe, introduit ici depuis dix à douze ans, et qui y fait des progrès journaliers, ainsi que l'affluence des étrangers de toute espèce qui se sont jettés en ce pays, depuis ce tems, y ont porté une atteinte profonde aux mœurs publiques. Elles ne sont pas, néanmoins, considérablement altérées dans les campagnes : mais, à la Nouvelle-Orléans, elles ont déjà une forte tendance à la dépravation, et s'y acheminent rapidement, les principes de corruption ayant eu plus de développement en cette ville qu'ailleurs. C'est là qu'on voit les effets sensibles de ce changement dans les mœurs. Un ton de dépense et d'apparat qni excède les moyens que l'on a, s'y montre dans la parure des femmes, dans l'élégance de leurs voitures, dans la recherche de leurs meubles, et s'y joint à la passion de la table et du jeu, dans les hommes. Un pays ; pauvre en lui-même, et ne jouissant, depuis quelques années, que d'une prospérité d'emprunt qu'il doit aux secours de son Gouvernement, et aux circonstances du tems qui y ont attiré le commerce anglais et américain, (secours et circonstances qui peuvent cesser d'un moment à l'autre) un pays de cette nature n'est pas fait pour connaître et adopter le luxe, qui, dangereux dans une contrée riche, est un poison mortel pour les régions que la nature a condamnées à la médiocrité.

Or, quand je parle du luxe introduit depuis peu en cette Colonie, il ne faut pas s'imaginer, au reste, que ce soit un luxe extrême, et pareil à celui dont l'éclat nous frappe en tant d'autres endroits. Le luxe est, comme on le sait, un objet purement relatif, et proportionné aux ressources des lieux où il se montre : ensorte que ce qui est luxe pour tel endroit ne l'est pas pour tel autre, et que ce qui, par exemple, est appellé luxe ici, ne l'eût certainement point été au Cap-Français, avant l'époque de ses malheurs. Le luxe est donc, en propres termes, une extension de ses dépenses au-delà de ses moyens : voilà, du moins, comme je l'entends. Et, dans ce sens, je dis qu'il y a déjà du luxe en ce pays, proportionnellement à ses ressources, et quoique l'étalage de ce même luxe, en d'autres lieux, serait bien peu de chose, ou, pour mieux dire, y serait considéré comme une dépense très-ordinaire. En outre, j'ajouterai (et l'on m'en croira sans peine) que le penchant au luxe est bien plus fort ici que le luxe même, sur-tout parmi les femmes de la ville, à qui toutes les dispositions propres à s'y livrer ne manquent pas, mais bien les facultés ; leurs maris ou leurs parens n'étant point d'humeur à les en croire aveuglément sur cet article intéressant, objet de leurs plus chers soucis. En cet état de choses, il est sensible qu'un relâchement dans les mœurs doit dériver de ce goût passionné pour le luxe : et l'effet le plus remarquable, ainsi que le plus touchant de ce déréglement gangreneux en cette ville, est l'exposition de nombre d'enfans blancs (tristes fruits d'un désordre clandestin), sacrifiés, dès leur naissance, par leurs coupables mères, à un faux honneur, après qu'elles ont sacrifié le véritable à leur penchant effréné pour un luxe qui les perd. Une de ces malheureuses petites créatures, exposée, l'hiver dernier, pendant la nuit, hors de la ville, a été trouvée et ramassée, au point du jour, par une sauvagesse qu'attirèrent ses cris, qui la porta dans sa hutte, lui donna son sein, et finalement adopta cet infortuné, repoussé du monde, et voué à la mort, par une mère barbare, une fille ou femme policée, une Louisianaise, et accueilli, à bras ouverts, par une étrangère, une sauvagesse, une Chacta ! Quel contraste de sentiment et de conduite, humiliant pour l'une et glorieux pour l'autre! Et quelles conséquences, particulières et générales, à déduire d'un fait aussi certain quel'est celui-ci!

La société (j'entends ici, par ce mot, la réunion des liaisons et intimités sociales), est peu connue à la Nouvelle-Orléans, où l'on vit assez isolément, et où l'on ne se voit qu'en parade, pour se mesurer des yeux et se déchirer ensuite à belles dents, où l'esprit d'intérêt, l'appareil de la richesse, et la manie des prétentions, confondus ensemble, opposent un obstacle insurmontable à ce qui constitue l'essence de la bonne société; où, d'ailleurs, il ne peut y avoir un esprit public, des goûts pareils, une façon de penser et de sentir commune à chaque individu, vu le genre de population que présente cette ville. Ce n'est qu'un mélange confus. un composé difforme de gens de toutes contrées, et de toutes professions, Créoles du pays, Français, Espagnols, Anglais, Américains, Allemans, Italiens, etc., une vraie tour de Babel, où l'on s'entend à peine, et où le langage de l'intérêt personnel est le seul qui soit intelligible pour chacun de ces êtres divers: c'est la langue universelle, c'est la monnaie courante. Un galant homme doit se borner, en cette ville, à la fréquentation d'un très-petit nombre de personnes honnêtes et de bonne compagnie, et faire bande à part avec tout le reste. Il n'y perdra certainement pas.

Le commerce n'a pour base, ici, que des détails étroits et mercantiles, ou un sordide agiotage. Les plus riches capitalistes de la ville et de la campagne, Européens et Créoles, ne rougissent point de placer leur argent à un et demi, deux pour cent par mois, et quelquefois au-delà même, avec de bonnes sûretés, et les formules d'usage qui parent et sanctionnent le tout; et ils n'en sont que plus considérés, parce qu'ils en deviennent plus riches. Or, tout pays où l'usure, loin d'être en exécration, est favorablement accueillie, ne peut être habité que par un peuple sans principes et sans mœurs. La conséquence est infaillible.

La délation est encore, ici, vue du même œil que l'usure, en ce que le bénéfice y est joint. Un créole du pays n'a-t-il pas eu le front de dire hautement que, pour deux mille piastres, il dénoncerait son père? Et cet homme est père de famille lui-même. *Ab uno, disce omnia.*

Le goût du mensonge et de l'exagération semble être un vice affecté au terroir, tant il y est répandu. On y ment à tout sujet, quelquefois même, à propos de botte, et pour le seul plaisir de mentir. Sur un pied de mouche, un objet de bibus, un rien, on va vous forger, à l'instant, les nouvelles les plus saugrenues, qu'on accompagnera de tant de circonstances positives, et qu'on débitera d'un ton si ferme et avec des protestations si précises, (comme des j'ai vu, j'ai entendu, etc.) qu'en témoignant ne point y ajouter foi, il faudrait se résoudre à passer pour un incrédule, un sceptique, un vrai St. Thomas : et le lendemain, ou dès le jour même, l'édifice du mensonge est détruit, pour faire place à un autre, qui ne tardera point à culbuter pareillement.

Cette propension générale au mensonge, unie à un grand fond d'amour-propre et de vanité, mène à la hablerie, dont on n'est point chiche en ce pays, si on l'est d'autre chose. On se fait ici une et deux fois plus riche qu'on ne l'est en réalité. La plus laide habitation est un paradis terrestre. Le nègre cultivateur rend annuellement quatre à cinq cens piastres à son maître, et l'arpent de terre, au moins deux cens. Les hommes y sont tous francs et généreux, les femmes n'y sont jamais vieilles, et les filles jamais majeures. Fiez vous à ces beaux rapports, et vous verrez, après, ce qu'il en faut retrancher.

Quant aux femmes, elles feraient bien mieux de se tenir dans l'intérieur de leur domestique, et de se livrer entièrement aux soins de leur ménage, que de se voir et de se fréquenter, la plupart du tems, pour médire des absens, et pour se décrier mutuellement, après s'être quittées. Mais c'est à quoi elles n'attachent pas grande importance. Et c'est encore une chose à observer parmi les créoles du pays, hommes et femmes, que cette propension qu'ils ont à se picoter, s'injurier, se satiriser cruellement, et à se raccommoder ensuite avec une facilité qui n'a d'exemple, ailleurs, que dans le bas peuple, au point d'en être à tü et à toi; sans la plus petite rancune, apparente, au moins, et jusqu'à nouvelle bourasque. J'ai été présent à des scènes qui, en tout autre endroit, auraient mortellement brouillé deux femmes, et eussent porté deux hommes à se couper la gorge, lesquelles n'ont produit, entre les acteurs ou actrices que des paroles et du bruit, et se sont terminées par des raccommodemens brusques et des tutoiemens familiers, dont les uns et les autres sont prodigues entre eux. Ces scènes, d'homme à homme, quand elles sont bien violentes, peuvent se terminer, au pis-aller, par une boxerie à la façon anglaise entre les contendans : et voilà tout. Les duels, proprement dits, y sont presque inconnus. Certes, bien loin que ce soit là un mal, c'est au contraire, un bien, mais sujet, ainsi que les meilleures choses, à des abus; en ce qu'un grossier animal, fier de sa force corporelle, insultera impunément un galant homme d'une complexion moins robuste que la sienne, et le défiera encore à sa manière, avec effronterie, et sans craindre aucunement que les balles d'un pistolet ou la pointe d'une épée mettent un terme à son impudence et à sa grossièreté.

Au surplus, ce ton de familiarité, ce tutoiement usuel dont j'ai ci-dessus parlé, convenable à la tendre amitié ou à un sentiment encore plus vif, est le ton commun entre hommes et femmes du pays, pour peu qu'ils aient des relations entre eux, et ne supposent, à cet égard, rien de particulier, rien de significatif. Ce n'est, à bien dire, que le ton de Lucas parlant à Mathurin, ou de Babet s'entretenant avec Perrette : et c'était celui des anciens colons du pays, presque tous gens de basse extraction, qui l'ont traditionnellement communiqué à leurs descendans, ainsi que bien d'autres habitudes, à-peu-près pareilles, et que, dans le sens moral, on peut appeller des traits de famille, à l'instar de ces ressemblances qui, dans le physique, se soutiennent de père en fils.

J'observerai que, dans les campagnes, les mœurs sont beaucoup plus régulières qu'à la ville, le luxe bien moins répandu, les goûts, qui y tiennent, moins en vogue, et finalement la société mieux composée, quoique peu attrayante.

Les femmes Créoles, dépourvues, en général, des talens qui ornent l'éducation, manquent de goût pour la musique, le dessin, la broderie, mais, en revanche, ont une passion extrême pour la danse, et passeraient les jours et les nuits à s'y livrer. Ces premiers talens exigent de l'application et de l'étude, et c'est ce qui ne leur convient pas : au lieu que le dernier est plutôt un exercice et un amusement, qu'un travail sans contredit.

C'est durant l'hiver que cette passion est dans sa force. On danse alors en ville, on danse dans les campagnes, on danse par-tout, sinon avec beaucoup de grace, au moins avec beaucoup d'ardeur : et les ménétriers ont alors de quoi s'occuper. Au reste, point de variété dans ces amusemens : c'est l'éternelle contre-danse qu'on y figure sans cesse, en y adaptant quelques formes différentes, il est vrai, mais dont le fond est toujours le même. Et cette monotonie ne laisse pas que d'ennuyer le spectateur, si elle ne lasse point les acteurs.

Les femmes créoles sont très-fécondes, et le sont de bonne heure et long-tems. Au bout de sept à huit années de mariage, elles ont la demi-douzaine d'enfans, tous bien venus, quelquefois davantage, et sont encore fraîches, et disposées, au reste, à compléter la douzaine. Il est assez commun de voir la mère et la fille enceintes dans le même tems, et il ne serait pas même impossible de voir, par fois, la petite-fille figurer aussi sur la scène, et former le trio. Diverses femmes étrangères, qui, depuis long-tems, avaient cessé d'enfanter, transportées à la Louisiane, y sont devenues grosses avant la fin de l'année de leur arrivée, et notamment des femmes espagnoles, qu'on sait être assez stériles, en général. Aussi dit-on, sur les lieux, par forme de plaisanterie, que les eaux du Mississipi ont, sans doute, une vertu prolifique. Et quand on considère cette heureuse aptitude à la propagation qui semble être affectée au pays, ainsi que le grand nombre de filles créoles qui l'habitent, on ne peut voir, sans regret, (cela soit dit sérieusement) que tous ces moyens de population restent, pour ainsi dire, en pure perte et presque infructueux, par la rareté des mariages, qu'il faut attribuer nécessairement aux causes que nous avons déjà assignées à cet état de célibat, à cette vie monacale dont le goût s'étend ici, de plus en plus, parmi les hommes. En témoignage de ce que j'avance à ce sujet, une seule observation suffira ; la voici. Depuis deux ans et demi que je suis en cette Colonie, il ne s'est pas fait trente mariages un peu notables à la Nouvelle-Orléans, et à dix lieues à la ronde. Et dans cet arroudissement, il y a, pour le moins, six cens filles blanches, et de condition honnête, à marier, depuis quatorze, jusqu'à vingt-cinq et trente ans. Ce n'est donc, par année, à consulter cette proportion, sur cinquante mariages à faire, qu'un seul qui s'effectue ; et le reste est en spéculation, et en attente souvent frustrée.

Les femmes de la ville se parent maintenant

avec goût ; et leur changement de mise à cet égard, dans un espace de tems peu considérable, est réellement étonnant. Il n'y a pas encore trois ans qu'elles étaient, presque toutes, en jupes rondes et courtes, et en longs casaquins à basques prolongées, le haut de leur habillement d'une couleur, et le bas, d'une autre, et tout le reste à l'avenant, étalant force rubans et peu de bijoux, et allant par-tout, ainsi fagottées, en cours de visite, au bal, au spectacle. Aujourd'hui ce costume leur paraîtrait (à bon titre) une mascarade. Les mousselines brodées les plus riches, taillées dans les formes les plus nouvelles, et rehaussées par des transparens de taffetas moelleux et brillans, par de superbes garnitures de dentelles, et des broderies de paillettes en or, ajustent et embellissent actuellement les femmes et filles de mise, avec l'accompagnement de riches boucles-d'oreilles, colliers, bracelets, bagues, joyaux précieux, enfin, de tout ce qui peut avoir rapport à la parure, à cette intéressante occupation du beau sexe. Il ne leur manque plus, pour être sur le grand ton, qu'un étalage moins circonscrit de cette éclatante mise, réservée pour des occasions rares, et sur-tout l'ornement des pierreries interdit à leurs facultés, mais bien cher à leur goût.

Les femmes résidentes à la campagne et sur leurs habitations, sont encore loin d'atteindre à ce pompeux appareil des femmes de la ville, n'étant pas, journellement, comme ces dernières, exposées en parade, et sur le théâtre de la mode et de la galanterie. Mais, comme il n'est rien qui se propage aussi rapidement que le luxe, il ne faut pas désespérer qu'elles parviendront bientôt à ce même point d'élégance, d'autant plus que la bonne volonté ne leur manque pas à cet égard ; quittes, au surplus, à être exposées, comme celles de la ville, aux risques imminens dont cette séduisante décoration est entourée, et aux propos des mal intentionnés.

Un usage assez général en ce pays, et qui tient encore à l'empire de la mode, ainsi qu'à la parcimonie des habitans, est celui de se faire transporter en ville, de vingt lieues de distance, aussitôt qu'on se sent malade, au lieu de se procurer, dans les campagnes, les secours qu'on peut attendre, en pareil cas, des gens de l'art, en déterminant quelques-uns d'entre eux à s'y fixer par des abonnemens, comme on le pratique aux Antilles. A la place d'un médecin instruit, ou, tout au moins, d'un habile chirurgien, on se contente d'avoir chez soi ou chez son voisin, les Œuvres de Tissot, de Buchan, et de quelques auteurs de ce genre, que l'on feuillete et consulte, *ab hoc et ab hac*, et sans qu'il en coûte rien, en rapprochant et faisant rapporter, bon gré, mal gré, les symptômes de telle maladie, décrite dans un de ces livres, avec ceux de telle autre maladie qu'on veut traiter, prenant, en conséquence, un mal pour un autre, échauffant, quand il faut raffraîchir, raffraîchissant, quand il faut échauffer, substituant un simple du pays, qu'on croît bon, à tel autre indiqué et prescrit, qu'on ne peut se procurer, et, par une complication de soins et de remèdes mal appliqués, rendant grave, enfin, la plus simple indisposition, que la nature eût seule guérie en peu de tems. Et quand le mal devient sérieux, il faut se faire transporter en ville, à tout risque, et s'aller mettre entre les mains de la vénérable faculté.

Cet usage de transporter ainsi, de douze à quinze lieues, un malade, soit par la voie du fleuve, qui est la plus usitée, soit en chaise, est pernicieux en lui-même et de toute manière, tant par les conséquences fâcheuses pour le malade, qui résultent souvent de ce transport, que par l'introduction en ville, de différens germes de maladies qui n'y subsistaient pas; usage qui transforme la Nouvelle-Orléans en un vaste hôpital, et qui devrait bien être aboli par des moyens convenables. Mais c'est à quoi s'opposeraient, sans doute, messieurs les chirurgiens de la Nouvelle-Orléans, qui trouvent leur compte à cette façon d'agir, et qui, sans s'éloigner de la ville, et s'aller confiner dans les campagnes,

voyent

voyent journellement les malades arriver, pour ainsi dire, à leurs portes, ainsi que le chalant se rend à la boutique du marchand. Aussi j'oserai dire qu'exception faite de l'office d'homme de justice et de l'état de boulanger, il n'est pas ici de profession qui mène plus promptement à la fortune que celle de chirurgien exerçant la médecine, etc. Il est en cette ville, une douzaine de chirurgiens, au plus, qui accumulent en eux, sans façon, les fonctions de médecins, chirurgiens, pharmaciens, et même celles de sages-femmes ou matrônes, et qui, grace à l'usage dont nous venons de parler, exploitent ainsi (cela soit dit sans nulle exagération) vingt lieues de pays, à bout-portant, et dans le cercle étroit de la ville et de ses alentours.

Il n'est pas de femmes, en outre, dans cette même étendue de pays, ou, du moins, il en est bien peu qui ne croiraient ou ne font semblant de croire qu'elles feraient les couches du monde les plus fâcheuses, si elles n'allaient, un et deux mois d'avance, résider en ville, et se préparer à y déposer, à terme, le fruit de leur fécondité, entre les mains d'un chirurgien, plutôt qu'en celles d'une personne de leur sexe, à qui, néanmoins, cet emploi délicat, dont l'exercice appartient autant à la décence personnelle qu'à la souplesse et à la légèreté des mains, est, à tous égards, plus convenable. Et aussi, avec toutes leurs précautions illusoires, ou peu-être, en partie, à cause de ces mêmes mesures, il est peu d'endroits où les accouchemens et leurs suites entraînent, proportion gardée, autant d'accidens graves et même mortels, qu'à la Nouvelle-Orléans ; ce que j'attribuerai moins encore, pourtant, à l'impéritie des chirurgiens et à la rudesse de leurs opérations, qu'à la disposition humide du climat, ainsi qu'à la conduite imprudente des femmes, après leurs couches, et au peu de soins qu'elles apportent à l'état critique où elles se trouvent alors.

CHAPITRE XXXV.

Continuation du Chapitre précédent.

La langue française est celle généralement employée en cette Colonie : les langues espagnole et anglaise y sont pourtant assez répandues ; la première, à raison de l'ascendant du gouvernement, dont tous les actes, ainsi que ceux de l'administration et de l'ordre judiciaire, sont émanés en cette langue et traduits en français, quand il est de besoin, par un interprète établi à cet effet ; la seconde, à cause de l'influence du commerce et du voisinage des Etats-Unis ; et l'une et l'autre, enfin, par rapport au grand nombre d'Espagnols et d'Américains, fixé dans la Colonie, ou y voyageant.

On y parle assez bien français, à certaines locutions vicieuses près, dont je citerai quelques-unes pour exemple. On traîne et prolonge trop (ce qui est commun, sur-tout, parmi les femmes) certaines syllabes, et notamment les finales, avec des intonations variées et aiguës, ensorte qu'il paraît que l'on chante en parlant ; ce qui produit un effet sensible et désagréable à l'oreille qui n'y est point habituée.

On y estropie et défigure certains mots, tels que, *bien*, *tu*, *une*, etc. qu'il est ordinaire de prononcer ici de cette manière : „ Il a *ben* fait . . . *t'as* vu mon fils ? . . . C'est *eune* belle femme . . . etc. „

Or, je ne parle point ici des Acadiens et des Allemands, ni de leur progéniture, qui parlent tous un français plus ou moins corrompu, mais des créoles issus d'Européens français.

En outre, il semble qu'il y ait, en ce pays, un embarras physique, une imperfectibilité dans la conformation de l'organe de la parole, qui se fait sentir principalement dans la manière dont un grand nombre de créoles des deux sexes, blancs ainsi que de couleur, y prononce l'*J* consonne, et la diphtongue *ch*, que beaucoup d'entre eux corrompent, en transformant l'*J* en *z* et le *ch* en *cc*, ainsi que je vais en donner un exemple apparent. Je suppose qu'un créole, amateur de la chasse et hâbleur (comme il s'en trouve tant), pour vanter son habileté, à cet égard, veuille s'exprimer en ces termes :

„ *Je ne sache point avoir jamais été chasser*,
„ *que je ne sois rentré chez moi avec ma charge de*
„ *gibier.* „

Sa langue, embarrassée et peu flexible, lui fera prononcer ces mots de la manière suivante :

„ *Ze ne zace point avoir zamais été sacer*, *que*

„ *ze ne sois rentré cé moi avec ma çarze de* „ *zibier.* „

Et ainsi du reste.

Il n'est en ce pays d'autre institution publique appropriée à l'éducation de la jeunesse, qu'une simple École entretenue par le Gouvernement, et composée d'une cinquantaine d'enfans, presque tous de familles pauvres, où l'on enseigne à lire, écrire, chiffrer, dans les deux langues française et espagnole, et la maison des Religieuses françaises qui ont quelques jeunes filles en pension, et qui tiennent une classe pour les externes. Il y a bien aussi une pension qui s'est formée pour les jeunes créoles, depuis environ quinze mois, et dirigée par un homme qui ne manque point de talens en cette partie. Mais comme il n'est rien tel dans ce pays-ci que le bon marché, et que le prix de sa pension, pour la tenue de laquelle il se proposait de s'adjoindre des maîtres particuliers, a paru trop cher à messieurs les Colons, ces braves gens, ne pouvant disputer à cet instituteur son mérite personnel, ont cherché à déprécier son exactitude et ses soins sur un petit nombre d'élèves qui lui avaient été confiés par leurs parens Européens ou élevés en Europe, pour se faire un droit de n'y pas mettre les leurs. Cette pension, ne pouvant se soutenir d'une manière convenable avec si peu de moyens, est presque tombée à vau-l'eau; et nos gros marchands de la

Nouvelle-Orléans, et autres, ont continué à envoyer, à raison de deux piastres par mois, leurs enfans, à de petites écoles semées çà et là, dans la ville, au moyen de quoi, ils s'en débarrassent à bon compte, une partie du jour, sans réfléchir au vide et aux abus de cette sorte d'éducation; et nos sucriers, cotoniers, et indigotiers, dans les campagnes, se bornent à ramasser, sur le grand chemin, un pauvre hère, à qui ils donnent le logement, la table, et quelques médiocres émolumens, et qui est chargé d'enseigner tout ce qu'il sait, c'est-à-dire, pas grand chose, à ses rétifs élèves, instruits que le misérable pédagogue n'a sur eux aucune autorité réelle, et s'appercevant bientôt que leur précepteur est à-peu-près regardé, par le papa et la maman, comme un valet de carreau ou comme un domestique à leurs gages. Voilà le soin qu'on porte, en ce pays, à cette partie essentielle de l'ordre public, l'éducation; voilà les encouragemens qu'on y donne, les égards et les considérations qu'on y témoigne, aux personnes chargées, par état, d'un travail aussi ingrat et aussi pénible dans ses détails, que noble et intéressant dans ses vues! Et ces mêmes gens diront ensuite, afin d'excuser le ton d'ignorance et de grossièreté qui règne parmi eux, que leur pays manque de bons instituteurs! Eh! mettez-y la valeur qu'on doit y mettre, sur-tout celle qu'on ne peut remplacer par des piastres, (dont vous êtes d'ailleurs fort économes) et qui naît d'une estime raisonnée et de certains égards auxquels une ame honnête est plus sensible qu'à tout le reste ; et vous aurez alors des instituteurs dignes de porter ce respectable nom, au lieu de vos maîtres d'école, incapables absolument de communiquer à votre jeunesse la plus faible étincelle du goût des beaux arts, et de les conduire au-delà du seuil de la porte des sciences, fermée à jamais pour eux, ainsi que pour leurs idiots élèves. Ou plutôt, dépaysant cette jeunesse brute et à demi-sauvage, faites-lui traverser les mers, et aller chercher, en Europe, la flâme du génie et des talens, pour en éclairer, un jour, sa patrie, ainsi que Prométhée alla, jadis, au foyer du soleil, dérober le feu céleste, et le porta sur la terre, pour animer Pandore.

Il n'existe ici, ni chantier de marine, ni bourse de commerce, ni poste coloniale, ni collège, ni bibliothèque publique ou particulière. Point de librairie non plus, et pour une bonne raison ; c'est qu'un libraire y créverait de faim au milieu de ses livres, à moins qu'ils n'enseignassent, à l'intéressé lecteur, l'art de doubler son capital, au bout de l'an. On n'y trouve enfin qu'une petite imprimerie dont j'ai déjà rapporté qu'on doit l'établissement à M. de Carondelet, ci-devant Gouverneur de cette Colonie, et qui, dirigée par le Gouvernement, n'est employée qu'à l'impression de la gazette) qui paraît une seule fois par semaine, sous le titre de Moniteur de la Louisiane) de quelques ordonnances du Gouvernement ou réglemens de l'Administration, d'alphabets et catéchismes pour les enfans, et de formules de passeports, connaissemens, etc.

Les lumières de l'esprit et les talens d'un certain genre sont très-rares ici. On y voit peu de bons musiciens ; et il ne s'y trouve qu'un seul peintre à portrait, dont le talent est proportionné au théâtre où il le déploie. Enfin, dans une ville peuplée de dix mille ames, ainsi que l'est la Nouvelle-Orléans, je mets en fait qu'il n'existe pas dix hommes vraiment instruits, dont l'esprit soit alimenté du suc des sciences et orné des fleurs de la littérature, et qui, après avoir solidement raisonné sur les intérêts divers des nations policées, et sur leur état présent, puissent encore apprécier le mérite d'un Descartes et d'un Newton, d'un Mallebranche et d'un Locke, d'un Buffon et d'un Linné, et, de là passant à l'examen des beaux arts, rendre un digne hommage à l'éloquence de Bossuet et de Massillon, aux lumières de Daguessau et de Servan, et aux beautés de génie, de sentiment, et de naturel, de Corneille, de Racine, de Fénélon, de Voltaire, ainsi que de tant d'autres grands écrivains dont notre langue s'honore. La seule connaissance un peu répandue en ce pays est celle des langues française, espagnole et anglaise, de-

venues

presque nécessaire ici, par la réunion des individus auxquels ces trois langues sont propres, et qui, d'après leurs relations mutuelles, en ont un besoin réciproque.

J'ai déjà dit qu'il se donnait ici peu de fêtes qui en méritassent au moins le nom. Tout se borne à de grands repas, où règne un brouhaha étourdissant, et où il ne faut point chercher, d'ailleurs, ni raffinement de goût dans les mets et dans les boissons, ni entente habile dans la disposition du banquet; ni encore moins les charmes du véritable esprit, alliant la saillie étincelante à la gracieuse aménité, dans l'assemblée des convives qui s'y portent confusément. Je ne puis me faire à ces grandes cohues, ainsi qu'à la vieille habitude où les hommes sont (dans ces galas, ou pour mieux dire, orgies) de se mettre plus qu'en pointe de vin, au point de se souler même devant les dames, et de se comporter ensuite comme des ivrognes, en la présence de ces belles dames, qui, loin d'en être offensées, paraissent, au contraire, s'en amuser.

La principale considération qui suit l'homme en ce pays, est celle attachée aux richesses qu'il possède, et non pas à lui; ensuite vient celle qui se rapporte au rang qu'il occupe, au grade dont il est revêtu : quant à celle dûe aux vertus et aux talens, ce serait peine inutile que de l'y chercher.

Enfin, un mélange d'égoïsme et de fausseté

dans le cœur, beaucoup d'ignorance et de grossièreté dans l'esprit, nulle énergie dans le caractère, voilà ce qui forme essentiellement la base des mœurs de ce pays, ainsi que des usages qui tiennent à ces mœurs, et le point central d'où l'on peut partir, pour examiner, en masse, ou pour observer, en détail, tout ce qui peut avoir rapport et à ces mœurs et à ces usages.

C'est par-là que je terminerai mes observations sur cette matière, en me référant, du reste, à ce que j'ai déjà exposé de relatif aux mêmes objets.

CHAPITRE XXXVI *et dernier.*

Précis de l'Ouvrage , et Conclusion.

Je pense qu'il est à propos de joindre, à cette esquisse générale, un précis qui en réunisse quelques traits principaux répandus çà et là, et qui, les liant les uns aux autres, en forme un ensemble, un tout, qui puisse être aisément saisi par l'œil du lecteur, et présenter, de suite, à son esprit, un point de réminiscence, et d'où il soit à même de se reporter, sans peine, à ce qu'il a déjà parcouru plus en détail. Tel est l'objet de ce Chapitre final.

La Colonie de la Louisiane et Floride occidentale, dont la majeure partie était ci-devant en la possession de la France, appartient au roi d'Espagne, depuis 1769.

Cette Colonie est très-étendue, mais n'offre point, à la culture et à la population, des ressources, à beaucoup près, correspondantes à son étendue réelle. La portion seule de la Basse-Louisiane et de la Floride occidentale, à remonter depuis l'Océan jusqu'à la hauteur de la ligne qui, à l'Est du Mississipi, divise et borne les possessions américaines et espagnoles, à la distance d'environ cent lieues de l'embouchure de ce fleuve, en suivant son cours, (espace contenant, à peu de chose près, tous les établissemens actuels de la Colonie) a quatre mille lieues carrées de superficie; et, dans cet espace, il ne s'en trouve qu'environ cinq cens qui puissent être habitées ou cultivées convenablement.

Elle est réellement plus onéreuse qu'utile à son prince et à sa métropole, sous le point de vue des ressources rurales, commerciales, et fiscales. Elle coûte au roi d'Espagne, quitte et net, pour le moins, quatre à cinq cens mille piastres par année (1); et presque tout son commerce, dont la masse offre un résultat de médiocre valeur, est entre les mains des étrangers.

Elle est foncièrement pauvre, et le sera toujours

---

(1) Dans le tems où j'écris ceci (au mois de Mai 1802) le Gouvernement espagnol doit à la Colonie, ou du moins, pour les dépenses qu'elle lui occasionne, environ un million de piastres. Les obligations de la Caïsse royale, qui, en Février 1800, ont commencé à être émises et délivrées, pour cet objet, (à défaut d'argent, qu'on ne pouvait plus recevoir d'outre-mer que rarement et avec de grands risques, à cause de l'état de guerre où l'on se trouvait alors) et qui se sont multipliées graduellement depuis ce tems, perdent, aujourd'hui, jusqu'à cinquante pour cent, et ne doivent être acquitées qu'à l'arrivée des fonds destinés à les retirer, et qui sont attendus ici, de la Havane ou de la Vera-Crux, avec une impatience d'autant plus vive, que le retard qu'on éprouve, à ce sujet, rallentit considérablement le cours général des affaires, obstrue toutes les relations commerciales, et ne fait qu'alimenter l'agiotage et l'usure portés maintenant à un point vraiment excessif. Et quant à ce retard, on ne sait à quoi l'attribuer, vû que les communications par mer, dans le golfe du Mexique et au-delà, sont absolument libres depuis plusieurs mois.

(à quelques exceptions près), proportionnellement à sa vaste étendue, et en raison de la médiocrité de ses ressources, à moins que des circonstances particulières, et qui n'auront point un rapport immédiat avec son sol, ne modifient, ou, pour mieux dire, ne changent absolument cet état de choses : ainsi qu'il en a été de la Hollande, que la nature avait condamnée à la pauvreté, mais que des combinaisons, plus fortes encore que la nature, ont enrichie à la longue, et qui, du fond de ses marécages, a vu s'élever des fortunes prodigieuses, et naître une aisanse générale. Il est vrai qu'il faudrait admettre une série de chances bien avantageuses à ce pays-ci, pour supposer qu'il pût, un jour, parvenir à ce degré d'opulence et de splendeur où l'on a vu la Hollande : et une supposition de ce genre est dans la classe nombreuse des choses, non impossibles, mais improbables.

Dans les vues d'agrandissement futur et d'importance coloniale auxquelles se complaisent ici quelques têtes politiques, on présume que les deux Florides, y compris l'île de la Nouvelle-Orléans, ont été ou doivent être cédées entièrement par l'Espagne à la France ; que la Louisiane, proprement dite, restera à cette première Puissance, dont les possessions, dans l'Amérique septentrionale, auront, pour borne unique et invariable, le fleuve du Mississipi, depuis sa source jusqu'à son embouchure ; que les habitans de la rive droite du fleuve, ou Louisiane, quoique soumis à la domination espagnole, jouiront d'un commerce libre avec ceux de la rive opposée, ainsi qu'avec la France et ses colonies, indépendamment des relations qu'elles auront toujours avec l'Espagne ; et qu'enfin, dans cette nouvelle combinaison d'objets, cette Colonie, étant ainsi partagée entre deux grandes Puissances, intéressées, l'une et l'autre, à faire valoir la portion affectée à chacune d'elles, et se trouvant favorisée des avantages d'un triple commerce avec les Français, les Espagnols, et les Américains, tous trois riverains du fleuve, et tous trois y faisant flotter leurs pavillons en toute liberté, ne pourra que gagner à ces divers changemens, et augmenter considérablement ses cultures et son commerce.

Voilà les brillans fantômes opposés par quelques commerçans politiques aux hideuses visions que se forment certains colons trembleurs, relativement aux suites de ces mêmes changemens. C'est au tems et à l'expérience à répandre de la clarté sur ces objets couverts encore d'un épais brouillard. Mais je dirai toujours qu'il sera bien difficile, pour ne pas dire impossible, de donner jamais à ce pays une importance dont il n'est point susceptible, et une valeur qu'il ne comporte pas, et que la seule perspective légitime de l'agrandissement futur d'un point quelconque de cette contrée, est celle qui dérive de la nécessité d'un lieu servant d'entrepôt, tant aux productions destinées à être exportées de l'intérieur de ce vaste continent dont le seul débouché est le Mississipi, qu'aux divers objets du commerce extérieur qui seront importées et déposées au même lieu, pour être transférés dans ce même continent. Si la Nouvelle-Orléans peut conserver l'avantage qu'elle a eu jusqu'à présent de remplir ces vues, elle deviendra, nécessairement, par la suite des tems, une ville considérable et très-commerçante ; pourvu, cependant, que l'embouchure du Mississipi ne vienne pas à s'obstruer graduellement, (comme elle l'a fait jusqu'à ce jour) au point de devenir impraticable enfin pour les bâtimens de long cours, et de ne pouvoir plus admettre, dans ses passes, que des barques et des bâteaux. Cette ville, en ce cas, serait bien peu de chose. Mais, d'une manière ou d'une autre, le pays qui l'environne et qui compose le centre de la colonie, n'en deviendra pas meilleur, et sera toujours, quoiqu'il en puisse être, un pauvre et triste pays, considéré en masse.

Son sol, qui paraît être un dépôt du fleuve, et une terre d'alluvion, est assez fertile dans les parties qui ne sont pas noyées. Mais ces lieux privilégiés n'offrent pas une bien grande étendue. Et le reste du pays, qui en forme au moins les sept huitièmes portions, n'est composé que de lacs, lagunes, prairies et cypriéres marécageuses ; dans son intérieur, et de plages sablonneuses ou monticules arides, dans ses extrêmités.

Le climat, quoique très-humide, est plus salubre qu'il ne paraîtrait devoir l'être. Au printems et dans l'automne, la température est agréable, l'été y est fort chaud et pluvieux, et accompagné de fièvres violentes, mais rarement dangereuses, à la réserve de la fièvre jaune qui règne alors en ville, et non dans les campagnes. L'hiver s'y fait sentir, de la fin de novembre au commencement de mars, et est entremêlé de journées froides et tempérées, qu'amènent alternativement les vents du Nord et du Sud qui se succèdent en cette saison, l'un, ordinairement, sec et froid, et l'autre, pluvieux et mou.

La chaleur de l'air, ainsi que l'humidité du sol et du climat font pulluler, en ce pays, une quantité prodigieuse de reptiles et d'insectes divers qui en sont une des grandes incommodités, et deviennent un vrai fléau. L'hiver les fait disparaître en partie : mais, durant le reste de l'année, il semblerait, par leur nombre et leur diversité, que le pays leur appartînt, et leur fût destiné plutôt qu'à l'espèce humaine.

La valeur totale de ses productions commerciales, exportées du pays durant l'année qui vient d'écheoir, n'excède pas la somme d'un million de piastres gourdes, ou d'un peu plus de cinq millions de livres tournois ; et le sucre, qui fait au-delà du quart de cette somme, s'est élevé à

un

un prix exhorbitant, et qui baissera, suivant toute apparence. L'exportation de la présente année aura probablement une valeur beaucoup plus considérable, en ce que divers riches spéculateurs avaient accumulé, depuis plusieurs années, beaucoup d'indigo que les Américains ne faisaient point valoir, et attendaient l'époque de la paix, pour envoyer alors dans les ports de France cette denrée ainsi mise en réserve. Un seul particulier de la Nouvelle-Orléans est à même d'en expédier pour sa part, environ deux cens milliers pesant. Il est vrai qu'il en a, lui seul, entassé presqu'autant que tous les autres spéculateurs ensemble. Le revenu de cette année-ci aura donc un accroissement, dû à la circonstance de la paix, de quatre à cinq cens milliers d'indigo. Mais c'est un riche filon qui n'aura pas de suite ; et, dès l'année prochaine, on en sera suffisamment convaincu. En raison de cette augmentation accidentelle de denrées, je pense que le revenu de cette année, 1802, peut être évalué d'avance à près de quinze cens mille piastres, estimation faite ici du prix des denrées avant leur exportation ; et c'est ainsi que je l'entends toujours. Et si la Colonie, après avoir atteint, à la longue, et avec tous les secours possibles, son plus haut degré de culture, peut réaliser enfin, de la vente de ses productions en sucre, coton, indigo, tabac, etc., un revenu annuel de trois millions de piastres équivalant à un peu plus de quinze millions de livres tournois, supposé qu'elle parvienne à une récolte de vingt millions pesant de sucre brut, qui constituera la base de ses richesses ; j'estime qu'un tel revenu (si jamais il s'effectue) sera son plus haut période d'aisance, et le dernier terme de ses ressources locales, aidées de tous les accessoires convenables. Il est à observer, du reste, que les productions des Natchez et autres vastes possessions américaines qui ont leur débouché par le Missis-sipi, et qui s'entreposent à la Nouvelle-Orléans, ne doivent pas être confondues avec celles de la Colonie, quoiqu'en partie de la même nature, en ce que l'opulence d'autrui ne fait pas la nôtre.

Au surplus, il ne faut pas oublier, qu'il est peu de pays au monde où l'on soit aussi disposé qu'en celui-ci à accroître beaucoup, par des rapports exagérés, la masse des dépenses et des recettes publiques et particulières, afin de se donner à soi-même, ainsi qu'à tous ses alentours, une importance imaginaire et purement chimérique. Telle fortune, par exemple, n'est que de dix mille piastres, qu'on évalue hardiment à trente mille : telle dépense n'est que de cent piastres, au plus, qu'on élève à cinq cens. Ainsi du reste, et du petit au grand. C'est de quoi il convient de prévenir l'étranger, pour qu'il n'en soit pas la dupe.

Le commerce n'a point de base et d'importance

en ce pays. Ses principaux agens ne sont que des commissionnaires de quelques maisons d'Europe et des Etats-Unis, et le reste n'est qu'un assemblage de marchands et d'obscurs agioteurs.

La population de cette Colonie est très-faible, et ne monte pas (dans la Basse-Louisiane et la Floride occidentale, principale partie de la Colonie), au-dessus de soixante mille individus, blancs, mulâtres, et nègres, clair-semés dans un espace de quatre mille lieues carrées de pays, qu'on peut réduire, ainsi qu'on l'a déjà dit, à cinq cens lieues de terre habitable ; ce qui donne, par lieue carrée, un rapport d'environ quinze personnes sur toute l'étendue locale, et de cent vingt, sur le terrein seul qu'on cultive et qu'on peut encore mettre en valeur. Cette population est composée de vingt-six à vingt-sept mille blancs, créoles et étrangers, cinq à six mille affranchis noirs et de couleur, et vingt-huit mille esclaves, la plupart nègres. La population coloniale de la Haute-Louisiane, en son immense étendue, n'est que d'environ quinze mille individus.

Les Créoles de ce pays, avec beaucoup d'aptitude pour les arts mécaniques, paraissent avoir peu de disposition pour les sciences et d'application à tout ce qui peut les captiver ; ensorte que, malgré cette adresse naturelle et leur peu d'aisance, on ne voit pas se former chez eux, comme chez les Américains leurs voisins, d'habiles ouvriers, tels que charrons, ébénistes, manufacturiers, encore moins de bons artistes. Il n'est, parmi les créoles, blancs et mulâtres, que des charpentiers, maçons, menuisiers, tailleurs, et cordonniers, d'un médiocre talent. S'il se trouve un bon et laborieux ouvrier, non-seulement en ville, mais dans quelqu'habitation, c'est, à coup sûr, un Européen ou un Américain : si c'est un bouzilleur, un massacre, ou un fainéant, on peut en conclure hardiment que c'est un homme du pays. Beaucoup d'indolence et point d'application, voilà ce qui réduit à peu de chose ces favorables dispositions, de leur part, aux ouvrages manuels, dispositions qui devraient, au moins, compenser le vide profond de leurs facultés intellectuelles. Ils ont presque tous les défauts qui dérivent de l'ignorance et du manque d'éducation, et quelques autres encore qui n'en dépendent pas positivement, mais qui s'y lient. Parmi ces derniers, leur parcimonie extrême, et poussée jusqu'à l'avarice, (en quoi ils se distinguent des créoles des Antilles, plus prodigues, en général, que ménagers) appartient, je pense, encore plus au sol qu'au reste. Toutpays pauvre est nécessairement habité par des gens intéressés, et qui courent sans cesse à l'épargne. On est forcé d'agir, par-tout, en conformité de ses moyens ; et, comme on dit, suivant le bras, la saignée. Ce spectacle de mesquinerie, offert continuellement sous les yeux, et commandé par la nécessité, ne parait point étrange à ceux pour qui il est fait. Cette sordide avarice devient l'esprit général, le caractère dominant : et l'individu qui passe alors d'un état de gêne à un état d'aisance, n'en conserve pas moins les habitudes crasseuses qu'il a contractées dès le bas âge, et qui, par fois, se renforcent en lui dans ce changement d'état, bien loin de s'affaiblir. Voilà ce qui est à observer dans ce pays ou les créoles, même les plus riches, ont presque tous, dans le caractère et dans les manières, une dose, plus ou moins forte de basse lésinerie, dont leur ostentation naturelle est, tout au plus, le palliatif, et non l'antidote.

Les Créoles de la Louisiane, en général, ont, d'ailleurs, quelques bonnes qualités ; ils sont honnêtes gens, d'un abord facile, quoique peu solides, sans morgue et sans hauteur, quoique vaniteux, bons pères, fils soumis, époux complaisans et affectionnés.

Les femmes, indépendamment de la part qui leur est propre en ces intéressantes qualités, ont, en outre, plus de pénétration dans l'esprit, et plus de liant, dans le caractère, que les hommes. La nature, à bien dire, leur est plus favorable qu'à ces derniers, et les a mieux partagées en tout. Elles sont, en général, plus aimables que les hommes, abstraction faite, au surplus, des agrémens de leur sexe, et des charmes qui lui sont propres ; et , possédant les bonnes qualités de ces derniers , elles n'ont pas tous leurs défauts , ou les ont moins saillans.

Les étrangers sont un mélange de gens de différentes contrées , portant avec eux l'empreinte nationale , et reconnaissables en cela ; mélange dont il résulte un tout fort discordant , et dans lequel , au demeurant , il ne faut pas se flatter de trouver ni esprit public , ni fond de société.

Les affranchis sont adroits comme les créoles. Ils joignent, aux défauts qu'ont ces derniers, beaucoup de fainéantise , d'insolence , une forte propension à l'ivrognerie et au libertinage , et auraient grand besoin qu'on les arrachât à leur oisiveté , source de tant de vices , et qu'on les astreignît rigoureusement au travail.

Les esclaves sont généralement paresseux , libertins , menteurs , ivrognes , et incapables de se conduire eux-mêmes. Au reste , on pourrait , sans toucher néanmoins à ce qui constitue proprement l'essence de leur état , rectifier leur caractère , en adoucissant , à bien des égards, et réglant convenablement le sort de ces êtres absolument nécessaires au soutien des colonies.

Le gouvernement , quoique revêtu d'un grand pouvoir , est néanmoins assez doux et modéré , généralement parlant. Sous ses auspices , chacun vit tranquille chez soi , à la ville ainsi qu'à la campagne, sans être tenu à aucune dépendance particulière, autre que celle qui naît de la soumission dûe aux lois. Point de service militaire hors de ses foyers, point de déplacement pénible, point de logement de gens de guerre, point de sujétion, du moins onéreuse, à un pouvoir arbitraire et fantasque. En ville, les citoyens sont plutôt sous une administration civile et municipale, que sous un gouvernement militaire et tyrannique. Dans les campagnes, c'est à-peu-près de même, l'autorité y étant exercée par des commandans de paroisse et des syndics d'arrondissemens, choisis parmi les habitans notables; les premiers, à postes fixes, et les autres, annuels, et dont les fonctions ordinaires se bornent, savoir : celles des commandans, à faire arrêter, et traduire au chef-lieu, les vagabonds et gens sans aveu, veiller à l'entretien des grands chemins, levées, etc., dresser des procès-verbaux de tout acte blessant l'ordre public et dont la poursuite est de même renvoyée au chef-lieu, ordonner quelques patrouilles pour le maintien de la police, convoquer la milice en des cas extraordinaires, et, finalement, passer les transactions communes entre les particuliers de leurs ressorts; et celles des syndics, à inspecter et régler, chacun dans son district, en l'absence et à défaut des commandans, dont ils sont les substituts à cet égard, tout ce qui a rapport à la police et à la conservation du bon ordre.

Malgré cela, (car il faut aussi montrer le revers

de la médaille) on ne peut disconvenir que ce gouvernement, tel qu'il est établi ici, ôte à l'homme toute son importance et son énergie individuelle, en le tenant dans une triste ignorance et dans un état purement passif, en lui interdisant le libre exercice de ses facultés morales, en l'assimilant, pour ainsi dire, à la brute, et le dirigeant enfin comme un aveugle, dans les choses les plus futiles, ainsi que dans celles du plus grand poids et de la plus sérieuse considération.

L'administration fiscale est très-confuse en ce pays, et s'enveloppe d'un voile presque impénétrable. Au surplus, les impositions établies sont assez légères, et le colon n'a certainement point à se plaindre à ce sujet. Le seul désagrément que j'y trouve et qui donne lieu à des subterfuges continuels, est la défense formelle d'en exporter son bien, sa propriété, en numéraire, sous peine de confiscation. Il faut convertir cette propriété en lettres-de-change ou en denrées du pays, à quelque prix que ce soit, ou risquer de tout perdre. Cela n'est pas raisonnable : et puisque l'argent vient ici du dehors, il ne devrait point éprouver plus de gêne à en sortir qu'à y entrer. D'ailleurs, l'argent monnoyé n'est pas réellement une propriété locale et dont l'exportation puisse être légitimement prohibée ou même restreinte, une marchandise ordinaire de commerce sujette au paiement du droit d'entrée et de sortie, un objet de contrebande enfin. C'est un signe conventionnel, adopté sous différentes

formes

formes et valeurs, par les nations policées, afin d'accélérer et faciliter leurs relations mutuelles, ainsi que celles d'individu à individu, et qui, jeté une fois dans la masse de la circulation, devient dès-lors un bien commun à tous, une propriété générale, un objet d'une nature particulière et privilégiée ? sur lequel aucun gouvernement ne devrait exercer d'autre droit de souveraineté, que celui qui a pour but le maintien de la confiance publique, le simple droit d'inspection sur la validité du signe, et rien de plus.

La religion catholique est la seule admise en ce pays; l'exercice public de toute autre y est interdit. Au surplus, la pratique du culte religieux n'y est point commandée et exigée comme dans les autres possessions espagnoles; et le particulier n'est astreint à aucune gêne sur ce point. Il suffit de porter à ce culte le respect extérieur qui est dû, en toute contrée, à la religion qu'on y professe, pour être hors d'inquiétude à cet égard. Il est bien vrai que la monacaille espagnole avait voulu, dans le principe, établir, en cette colonie, le redoutable tribunal de l'Inquisition, et que le Gouvernement avait même été sommé, par le moine chargé de la mission du Saint-Office, et revêtu de ses pouvoirs, de prêter assistance et main-forte à ses fonctions. Mais la rumeur que cette nouvelle occasionna dans le pays, et la crainte des suites que pourrait avoir une telle innovation, déterminèrent le Gouverneur à faire enlever prestement le moine inquisiteur, et à le faire partir sans délai pour l'Espagne. Et il n'a plus été question ici de cette nouvelle muselière dont la moinerie voulait pieusement brider les revêches Colons.

L'ordre judiciaire est un cahos de chicanes interminables, et un gouffre d'argent pour les malheureux plaideurs : c'est la caverne du lion, d'où rien ne sort de ce qui y est une fois entré ; et c'est assez en dire.

La police générale et particulière est fort négligée, tant à la ville qu'à la campagne : et si les désordres et les abus, qui doivent résulter de cette négligence, n'y sont pas plus considérables encore qu'ils ne l'ont été jusqu'à présent, c'est grace uniquement à la faiblesse de la population, qui écarte, en partie, de ce pays, les misères et les crimes inhérens à l'état opposé.

Les mœurs, quoiqu'elles n'aient point encore atteint le plus haut degré de corruption en ville, et qu'elles soient assez régulières dans les campagnes, ont perdu beaucoup, depuis quelques années, de leur simplicité et de leur pureté primitive, au dire même des gens du pays, qui rappellent assez souvent, dans leurs propos, la naïve candeur et la concorde aimable qui régnaient au tems passé, qui ne subsistent plus maintenant, et dont le souvenir est, pour eux, l'image évanouie des mœurs de l'âge d'or : et cette dégénération morale est dûe, je pense, à l'indroduction du luxe qui fait des progrès journaliers en cette colonie, et d'une foule d'étrangers de toute espèce, dont les sentimens et la conduite ont contribué à faire disparaître cette antique simplicité coloniale qui adoucissait au moins les traits de l'ignorance et de la grossièreté commune, et à y substituer la mauvaise foi, la ruse, un âpre intérêt, qu'accompagne un fond d'envie, de malice, et de causticité, comme à y répandre aussi la passion du jeu qui resserre le cœur, et le ferme à toute affection douce et sociale. Aussi, par une suite nécessaire de cet état des choses et de tout ce qui y a rapport, n'existe-t'il, à la Nouvelle-Orléans, que dès individus isolés, peu de vrais citoyens, et encore moins d'amis : et la campagne marche, à grands pas, sur les traces de la ville.

Voilà, Monsieur, la tâche que je m'étais imposée, entièrement remplie. Au reste, je ne me flatte pas, et n'ai point aussi contracté l'engagement de vous présenter un tableau complet, mais une simple esquisse où les principaux traits soient marqués ; ni un ouvrage approfondi, mais un essai d'après lequel vous puissiez prendre une idée générale de tout ce qui est relatif à l'objet dont vous désiriez avoir connaissance. Je me suis appliqué à être vrai, er à représenter les personnes et les choses ainsi qu'elles se sont offertes à moi ; laissant, néanmoins, un voile abbattu sur les personnes, (en cela plus réservé que Boileau, qui disait hautement :

J'appèle un chat, un chat, et Rolet un fripon.)

généralisant tout, autant qu'il m'a été possible, admettant des exceptions en tout, et, finalement, m'étant réservé la faculté de dire, au bout du compte : « *Honni soit qui mal y pense.* »

Au surplus, le but de cet ouvrage est de donner une idée précise de ce qui est à présent, et un apperçu rationnel de ce qui sera par la suite, eu égard à ce qui existe maintenant. Car toute Colonie est un tableau mouvant, un théâtre versatile et dont les décorations changent, avec rapidité, du bien au mal et du mal au bien ; témoin celle de St.-Domingue qui, après s'être élevée à un si haut point de splendeur, est tombée si bas, dans le court espace de douze années.

Finalement, je crois devoir observer, en dernière analyse, et pour bonne raison, que ce n'est pas dans le court espace de trois ou quatre mois qu'on pourra se flatter de connaître un pays tel que celui-ci et le peuple confus et mélangé qui l'habite. L'un et l'autre demandent à être longtems et attentivement examinés. Les premières apparences égarent et trompent un observateur qui s'y rapportent : un examen, plus long et plus approfondi, le ramène insensiblement à des idées, plus précises et plus justes, des objets qui se présentent à lui. Et voilà ce qui peut et doit s'appliquer à ce pays-ci plus qu'à tout autre encore, et qui m'autorise à dire qu'il n'est guère possible d'en juger et d'en parler pertinemment, qu'après y avoir résidé, pour le moins, deux années, et en avoir suffisamment ressenti et étudié, pendant ce laps de tems, l'influence physique et morale. C'est à cette remarque essentielle que s'arrêtera le cours de mes observations.

Si quelques heures employées à la lecture de cet ouvrage, ne vous paraissent pas entièrement perdues, et vous fournissent matière à réflexion, je croirai mon travail dûment acquitté. C'est tout le prix que j'en souhaite, et le seul but où j'aspire.

Louisiane, côte des Chapitoulas, le 10 *Mai* 1802.

P. S. Ne voulant rien négliger, dans l'envoi que je vous fais, de ce qui peut contribuer à lui donner quelque prix à vos yeux, j'ai réussi à me procurer deux cartes dessinées, que je ne considére point comme absolument correctes, mais que je présume être aussi peu fautives qu'il est possible, au moins, de les avoir, quant à présent, l'une, de la Basse-Louisiane et Floride occidentale, et l'autre, de la Haute-Louisiane, ainsi que des lieux circonvoisins; et je vous les adresse avec mon manuscrit, en vous laissant, au surplus, pleine liberté de faire, du tout, l'usage que vous croirez convenable. Il m'a paru, du reste, (et je crois ne me pas tromper) que, dans la première de ces cartes, le dessinateur-géographe n'a point suffisamment déterminé la partie topographique des lieux, et, sur-tout, assez prolongé les sinuosités du fleuve, à prendre du Détour des Anglais, inclusivement, pour remonter jusqu'à la Rivière-Rouge, dont le cours et l'embouchure me semblent, en cette carte, un peu au dessous de leur position réelle, et le lit trop spacieux. Quant à l'ensemble de la carte, il est assez bien rendu. Voilà ce que je crois devoir vous observer à ce sujet.

TABLE ABRÉGÉE

DES MATIÈRES,

PAR SUPPLÉMENT A CELLE DES CHAPITRES.

A.

K.

L.

M.

N.

O.

P.

FIN de la Table des Matières.

Avis au Relieur.

Il faut placer la grande Carte, après la Table des Chapitres, en face du commencement de l'Ouvrage, autrement dit, Avant-Propos, et la petite Carte, entre les pages 62 *et* 63 : *de manière que la grande Carte se déploye à la gauche du lecteur, et la petite à sa droite.*

ERRATA ET ADDITIONS.

PAGE 9, lig. 5, *profondeur :* lisez, *hauteur.*

— 10, lig. 2, *lieues prolongées :* lisez, *lieues, prolongées.*

Ib. lig. 6, *arrêtées :* lisez, *arrêtés.*

P. 11, lig. 4, *pendantune :* lisez *pendant une.*

Ib. lig. 14, *peut :* lisez *saurait.*

Ib. lig. 17 et 18, *peut y être :* lisez, *y devient.*

P. 13, lig. 13, *charriant :* lisez, *chariant.*

— 15, lig. 7, *Plaquemine et :* lisez, *Plaquemine, et.*

Ib. lig. 9, *colonie, et :* lisez, *colonie et.*

P. 16, lig. 25, *charrie :* lisez, *charie.*

— 19, lig. 24, *traversieres qu'on :* lisez, *traversières, qu'on.*

— 20, lig. 2, *cholans :* lisez, *chalans.*

— 21, lig. 5, *d'endroits, noyés :* lisez, *d'endroits noyés.*

— 22, lig. 6, après le mot *cyprière.* Ajoutez ce qui suit : *Cet endroit, d'où prennent les établissemens coloniaux, s'appelle Gentilly, du nom de son propriétaire, homme riche et qui fait un usage honorable de son bien, par l'accueil obligeant que reçoivent de lui les étrangers de toute nation, qui, remontant le fleuve, s'arrêtent en ce lieu, où se présente une habitation bien tenue, et la première qui s'offre à la vue, depuis l'embouchure du Mississipi, à la reserve des postes de la Balise et de Plaquemine.*

Ib. lig. 21, *Chenal :* lisez, *chenal.*

P. 25, lig. 2, *carondele :* lisez *Carondelet.*

Ib. lig. 21, *faubourg, surtout :* lisez, *faubourg surtout.*

P. 25, lig. 3, *brûlées, sans :* lisez, *brûlées (sans.*

Ib. ligne 5, *l'épargne, de :* lisez, *l'épargne (de.*

Ib. lig. 15, *face :* lisez, *façade.*

Ib. lig. 25 et 26, *gauche ; ces rues :* lisez, *gauche, ces rues.*

P. 27, lig. 10, *édifices :* lisez, *édifices publics.*

Ib. lig. 18, *ces :* lisez, *ses.*

P. 29, lig. 8, *Gentilly et :* lisez *Gentilly, et.*

— 30, lig. 4, *pièces et opéra-comiques :* lisez, *pièces comiques.*

Ib. lig. 5 et 6, *soutenue alors :* lisez, *soutenue, alors.*

P. 33, lig. 19, *provînt :* lisez, *provint.*

Ib. lig. 26, *entr'elles,* lisez, *entre elles.*

P. 34, lig. 1 et 2, *monopole, exercé :* lisez, *monopole exercé.*

— 37. lig. 23, *grâce :* lisez, *grace.*

— 39, lig. 17, *waux-hall :* lisez, *Waux-hall.*

Ib. lig. 18, *grand-bal :* lisez, *Grand-bal.*

P. 40, lig. 2, *ces* : lisez, *ses*.

— 41, lig. 1, *peser et livrer* : lisez, *peser, et livrer*.

— 44, lig. 4, *a* : lisez, *à*.

Ib. lig. 7, *place du commerce* : lisez, *place de commerce*.

Ib. lig. dernière, *de la Basse-Louisiane* : lisez, *de la Louisiane et de la Floride occidentale*.

P. 45, lig. 4, *quieut* : lisez, *qui eut*.

— 46, lig. 7, *quarrées* : lisez, *carrées*.

— 47, lig. 6, 13 et 16, *Cyprières, Bayoux, Bayoux* : lisez, *cyprières, bayoux, bayoux*.

— 49, lig. 22, *et sur la même rive*. Ajoutez ce qui suit : *Là est établi un poste militaire*.

— 55, lig. 11, *pittoresques, dont* : lisez, *pittoresques dont*.

— 66, lig. 6 et 7, *seize à dix-sept* : lisez, *quatorze à quinze*.

Ib. lig. 7, *cinq à six* : lisez, *quatre à cinq*.

P. 69, lig. 11, *l'eau ; dont* : lisez, *l'eau dont*.

— 72, lig. 5, *situé du trente au* : lisez, *dont la majeure partie est sise entre le trentième et le*.

Ib. lig. 14 et 15, *de trente au trente-unième degrés* : lisez, *du trentième au trente-unième degré*.

— 78, lig. 17, *avoisinans* : lisez, *avoisinant*.

— 80, lig. dernière, *sécrétion* : ajoutez, *des humeurs*.

— 84, lig. 4, (*il est bien vrai*) : retranchez ces mots.

— 95, lig. 17, *alors* : retranchez ce mot.

— 96, lig. 7 *froid, au* : lisez, *froid au*.

— P. 101, lig. 12 et 18, *Mocqueur* : lisez, *Moqueur*.

— 102, lig. 17, *au* : lisez *aux*.

— 103, lig. 14 et 15, *savoureux que* : lisez, *savoureux, et que*.

— 106, lig. 3, *creuses de* : lisez, *creuses, de*.

— 107, lig. 15, *moutiquère* : lisez, *moustiquère*.

— 108, lig. 25, *suffira* : lisez, *suffirait*.

— 111, lig. 27 et dernière, *environs le cypre* : lisez, *environs, le cypre*.

— 113, lig. 23, *l'eau soumise* : lisez, *l'eau, soumise*.

— 115, lig. 15, *opinon* : lisez, *opinion*.

— 117, lig. 22, *Bernandy* : lisez, *Bernaudy*.

— 120, lig. 16, *matrices* : lisez, *motrices*.

— 121, lig. 14, *juillet, et* : lisez, *juillet ; et*.

— 132, lig. 7, *production, et qui* : lisez, *production, ce qui*.

— 136, lig. 21, *à la celle février* : lisez, *à celle de février*.

— 139, lig. 8, *douteux*) : lisez, *douteux*) :

— 140, lig. 10, *de l'autre :* lisez, *d'une autre.*

— 159, lig. 27, *tonnellerie ; à quoi :* lisez, *tonnellerie, à quoi.*

Ib. lig. dernière, *pelleteries, et que :* lisez, *pelleteries ; et que.*

P. 193, lig. 14, *laton :* lisez, *laiton.*

— 216, lig. 2, *de :* lisez *du.*

Ib. lig 17, *que (de leur propre aveu :* lisez, (*que, de leur propre aveu.*

Ib. lig. 19, *satellites*, lisez, *satellites).*

P. 217, lig. 28, *le :* lisez, *les.*

— 220, lig. 28, *à l'entrée :* lisez, (*à l'entrée.*

— 222, lig. 3, *de l'autre :* lisez, *d'une autre.*

— 232, lig. 19, , *et cependant :* lisez, : *et cependant.*

— 242, lig. 19, (*pour en tirer :* lisez, (*pour qu'on puisse en tirer.*

— 261, lig. 23 et 24, *nos prétendus philosophes à révolution :* lisez, *nos sophistes révolutionnaires.*

— 262, lig. 4 *Il a* etc. : alinéa.

— 264. lig. 27, *leurs :* lisez, *ses.*

— 272, lig. 27, *sont y :* lisez : *y sont.*

— 281, lig. première, j'ai vu, j'ai entendu : lisez, *j'ai vu, j'ai entendu.*

— 284, lig. 3, *sans contredit :* retranchez ces mots.

— 308, lig. 18, *d'indolence :* lisez, *d'insouciance.*

— 310, lig. 5 et 6, *nationnale :* lisez, *nationale.*

Fin de l'Errata et des additions.

www.ingramcontent.com/pod-product-compliance
Ingram Content Group UK Ltd.
Pitfield, Milton Keynes, MK11 3LW, UK
UKHW012010240726
13965UKWH00001B/281

9 782013 441070